AI와 무용

AI문고

인공지능 시대입니다. 기계가 인간의 인지를 대신하고, 사물이 인간을 통하지 않고 다른 사물과 직접 커뮤니케이션합니다. 이에 따른 인간 삶과 문명 변화를 정확히 이해·예측·대응하는 것은 이 시대 우리 모두의 과제입니다. AI문고는 인공지능 기술과 환경의 여러 주제를 10가지 키워드로 정리합니다. 관련 개념과 이론, 학계와 산업계의 쟁점, 우리 일상의 변화를 다룹니다. 인간과 기술의 현재, 미래를 세심히 분석합니다.

일러두기

- 인명, 작품명, 저서명, 개념어 등은 한글과 함께 괄호 안에 해당 국가의 원어를 병기했습니다.
- 외래어 표기는 현행 어문규정의 외래어표기법을 따랐습니다.

처음이세요?

전문가세요?

AI와 무용

임영숙

대한민국, 서울, 커뮤니케이션북스, 2026

AI와 무용

지은이 임영숙
펴낸이 박영률

초판 1쇄 펴낸날 2026년 1월 16일

커뮤니케이션북스(주)
출판 등록 2007년 8월 17일 제313-2007-000166호
02880 서울시 성북구 성북로 5-11
전화(02) 7474 001, 팩스(02) 736 5047
commbooks@commbooks.com
www.commbooks.com

ISBN 979-11-430-1735-2 03500

책값은 뒤표지에 표시되어 있습니다.

차례

춤추는 기술, 감각하는 기계

경계에서 본 풍경

학창 시절, 수학 문제집과 물리 참고서 사이에서 '무용과 편입'이라는 다소 생경한 꿈을 꾸고 있었다. 춤이 주는 희열과 몸이 만들어 내는 선과 리듬은 그 어떤 수식보다 아름다움으로 다가왔다.

수학과에 입학한 후에도 무용에 대한 갈망은 계속되었다. 결국 용기를 내어 국립발레단 지도위원을 역임하셨던 진수인 선생님을 찾아뵙고 비로소 발레를 시작했다. 당시 나이 23세였다. 발레 바를 잡고 익힌 것은 단순히 기술적 동작이 아니었다. 신체가 공간을 인식하는 방식, 중력과 대화하는 법, 그리고 한 템포의 침묵이 만들어 내는 긴장을 읽는 법 등을 체득했다. 비록 무대 위에 직접 서지는 못했지만, 누군가를 무대 위에 세우는 공연 기획 일을 선택함으로써 꿈의 일부를 실현했다. 발레를 배우며 체득한 '신체의 언어'는 공연 현장에서 무용수들과 소통할 수 있는 가장 중요한 도구가 되었다.

운이 좋게도 발레뿐 아니라 전통 무용과 현대 무용계

에서도 소중한 경험을 쌓을 수 있었다. 유니버설발레단에서는 클래식 발레의 정확성을, 국립정동극장에서는 전통 무용의 호흡을, 국립현대무용단에서는 실험과 해체의 언어를 접할 수 있었다. 무용수들이 무대 위에서 온전히 빛날 수 있도록, 그 뒤에서 공연기획자 때로는 홍보마케터로 일했다. 무대 뒤편에서 깨달은 춤은 완성된 아름다움이라기보다 땀과 호흡, 반복과 실패, 그리고 무수한 선택의 순간들이 쌓여 만들어지는 치열한 과정이었다.

국립아시아문화전당 재직 기간은 문화 예술과 기술 융합을 심층적으로 경험하며 시야를 확장하는 계기였다. 이는 기관의 미션이 융복합 창제작을 지향했기에 가능했다. 관객의 움직임에 반응하는 미디어아트, 데이터를 시각화한 인터랙티브 설치물, 알고리즘이 생성하는 사운드 작품들을 접하며 기술이 더 이상 단순한 표현의 보조 수단이 아님을 확인했다. 기술은 이미 예술적 사유 및 창작 과정의 본질적인 일부였다. 이 과정에서 예술과 기술의 결합이 '도구의 활용'을 넘어 '예술의 본질적 재정의'를 요구하고 있다는 중요한 통찰을 얻었다. 그리고 무용을 포함한 공연 예술 분야도 머지않아 이 근원적인 질문에 직면하게 될 것을 확신했다.

이러한 예술과 기술의 본질적 재정의에 대한 깨달음

은 다시 이과생의 사고방식으로 회귀시키는 결정적인 계기가 되었다. 그동안 문화 예술계에서 쌓아온 소중한 경험들은 이제 문화 도메인의 데이터를 읽고 분석하는 도구가 되어, 새로운 전문 분야를 익힐 수 있는 발판이 되어 주었다.

현재는 빅데이터 및 AI 전문 기업에 재직하며 문화 예술 분야의 데이터 사업들을 수행하고 있다. 주요 역할은 국내 주요 문화 예술 기관이 보유한 원천 데이터를 정제하고 AI 학습용 데이터로 구축하는 것이다. 이와 더불어 한국 근현대 예술인 관계망 데이터 구축을 주도하거나, 문화 분야 플랫폼 구축을 위한 정보화 전략 계획(ISP, Information Strategy Planning)을 수립하는 등의 업무를 담당하고 있다.

그러나 현재의 문화 도메인 데이터 작업은 과거 문화 예술 분야에서 수행했던 일과 본질적으로 다르지 않다. 과거에도 현재에도 '문화의 가치'를 널리 알리고 확산하는 작업의 연장선상에 있다고 생각한다. 무대 위 예술의 아름다움을 관객에게 전달하는 일과, 방대한 문화 예술 데이터 속에서 의미 있는 정보를 발굴하여 가치 있는 자원으로 구축하는 일 사이에는, 문화 가치를 발견하고 연결하려는 공통의 감각과 목적이 존재한다.

필자는 예술가도 아니며 기술자도 아니다. 발레 바를 잡아봤지만 무대엔 서지 못했고, 데이터를 구축하지만 개발자는 아닌 경계인이다. 그러나 이 '사이'의 위치야말로 현 시대가 가장 요구하는 시선일 수 있다. 무용 분야에서 경험한 '신체의 언어'와 기술 분야의 '디지털 언어'를 동시에 이해하는 사람. 예술의 언어로 기술을 읽고, 기술의 언어로 예술을 해석할 수 있는 사람. 이 책은 그 '사이'의 접점에서 발견하고 기록한, 예술과 기술의 융합 현상에 대한 통찰과 기록이다.

기계는 춤출 수 없다?

AI는 이미 그림을 그리고, 음악을 작곡하고, 시를 쓴다. 때로는 인간보다 더 인간적이고 사실적으로 감쪽같다. 그렇다면 춤만은 예외일 수 있을까? 우리가 '춤은 다르다'고 믿었던 이유는 분명했다. 춤은 붓도 아니고 악기도 아닌, 오직 살아있는 신체 자체가 도구이기 때문이다. 땀방울, 호흡의 고저, 발바닥으로 전해지는 무대의 미세한 온도. 살아 있는 존재가 '지금, 여기'에서 창조하는 '현존의 예술'만큼은 AI가 모방할 수 없다고 확신했다.

AI 안무를 활용한 공연에 대해 공연 관계자에게 의견을 물었을 때, 돌아온 답변은 예상 밖이었다. AI가 생성한 안무에 인체의 가동 범위를 벗어난 움직임－예를 들어 팔꿈치가 바깥으로 꺾이는 동작－처럼 도저히 사람이 따라 할 수 없는 요소들이 있었다고 설명했다. 우리는 “AI가 아직 인간 신체를 이해하지 못했구나”라고 웃었다. 그 순간은 ‘춤은 오직 인간만의 영역’이라는 확신이 들었다. 그러나 이러한 인간 중심적 확신은 오래가지 못했다.

AI는 놀라울 속도로 발전했고, 국내외 안무가들은 다양한 협업 작품을 실험했다. 이제 AI 안무는 사전 계획된 동작을 넘어, 무용수의 움직임을 실시간으로 포착하고 즉각적으로 반응하는 단계로 진화했다. 어느덧 기술은 더 이상 단순한 보조 도구가 아니라, 안무를 함께 논의하고 발전시키는 창작의 파트너로 자리매김하고 있었다.

초기 AI 안무는 무용수들의 과거 동작을 사전 학습하여 알고리즘에 따라 안무를 제시하는 수준이었다. 영국 안무가 웨인 맥그리거(Wayne McGregor)와 구글 아트 앤컬처(Google Arts & Culture Lab)가 협력한 AI 안무 도구 ‘리빙 아카이브(Living Archive)’가 그 대표적인 사례다. 그러나 이제 AI 안무는 무대 위 무용수의 움직임을 실시간으로 포착하고 즉각적으로 반응하는 단계로 진화했다. 미국 조지아 공과대학교(Georgia Institute of

Technology)에서 만든 작품 〈루민AI: 춤과 AI의 퍼포먼스 협업(LuminAI: A Performance Collaboration of Dance and AI)〉(2024)은 무용수가 팔을 들면 화면 속 AI 아바타가 즉각 반응하고, 방향을 바꾸면 춤의 흐름을 함께 바꾸며 오랜 파트너처럼 자연스럽게 호흡을 맞춘다. 프랑스 공연 〈릴리트 이온(Lilith.Aeon)〉(2024)은 스크린 속 AI 무용수 '릴리트(Lilith)'가 관객의 움직임까지 감지하며 매 공연마다 다른 안무를 펼쳤다. 대만에서 초연된 〈사이버 수빈(Cyber Subin)〉(2024)은 인간 무용수와 AI 가상 캐릭터가 실시간으로 대화하듯 춤을 주고받았다. 이처럼 AI 기술은 더 이상 '미리 계획된 동작'을 넘어 '살아 있는 즉흥 대화'의 영역으로 빠르게 발전하고 있다.

AI의 발전은 안무 창작을 넘어, 물리적 신체를 가진 로봇을 인간처럼 춤추게 한다는 것이다. 미국의 보스턴 다이내믹스(Boston Dynamics)가 개발한 휴머노이드 로봇 '아틀라스(Atlas)'는 점프, 회전은 물론 고난도의 브레이크댄스까지 소화한다. 2025년 5월, 테슬라(Tesla)는 로봇 '옵티머스(Optimus)'가 발레 동작과 셔플 댄스를 선보이는 영상을 공개했다. 초기에는 다소 어색하게 보이던 로봇의 동작들도 학습을 거듭하며 점차 인간의 움직임에 가깝게 진화하고 있다.

춤이 사유를 통해 움직임을 구상하고, 신체를 통해 표현하는 행위라면, 이제 질문의 방향을 근본적으로 전환해야 한다. '기계는 춤출 수 없다'는 단정 대신 '기계가 추는 춤과 인간이 추는 춤은 무엇이 다른가'를 물어야 할 시점이다. 완벽한 각도와 정확한 박자를 구현하는 것이 춤의 본질일까? 아니면 불완전함에도 불구하고 살아 숨쉬는 순간의 떨림이 춤의 가치일까? 무용계는 지금 기술의 문제가 아닌, 근원적인 철학의 문제 앞에 직면해 있다. 그리고 이 질문에 답을 찾아가는 과정이야말로, 인간이 왜 춤추는지를 재발견하는 여정이 될 것이다.

몸과 데이터 사이의 대화

AI 시스템이 무용수의 춤 동작을 처리하여 실시간으로 음악을 생성하고 변환하는 흥미로운 동영상을 접했다. 야마하(Yamaha) 뮤직은 AI 기술을 활용해 일본 무용가 카이지 모리야마(Kaiji Moriyama)의 움직임에 따라 피아노가 연주되도록 제어하는 프로젝트를 선보였다. 이 시스템은 무용수의 신체에 부착된 센서 신호를 분석하여 움직임을 실시간으로 식별해 낸다. 야마하가 개발한 AI 시스템은 동작에 가장 적합한 멜로디를 즉각적으로 생성하여 피아노로 전송하고, 이를 음악으로 변환한다.

무용수의 동작이 곧 음악으로 치환되는 이 광경은, 인간의 움직임 역시 정량적인 데이터로 기록되고 처리될 수 있음을 시각적으로 확인할 수 있었다.

기술은 무용수의 움직임을 정밀하게 읽어낼 수 있다. 카메라와 센서는 무용수의 신체를 어깨, 팔꿈치, 손목, 골반, 무릎, 발목 등 수십 개의 관절로 인식하고, 이 각 관절의 위치를 3차원 좌표로 기록한다. 이 점들이 시간에 따라 형성하는 궤적 자체가 데이터가 된다. AI는 이 방대한 데이터에서 확률적 패턴을 찾는다. 팔이 올라가는 속도, 다리가 뻗어지는 각도, 몸의 중심 이동 방향 등을 분석하는 것이다. 수천, 수만 번의 심층 학습 과정을 통해, AI는 무용 장르별 내재된 움직임의 규칙을 스스로 발견하고 구조화한다.

초기의 AI는 해부학적으로 불가능한 동작—팔꿈치가 반대로 꺾이거나, 발이 공중에 떠 있거나, 머리가 몸에서 분리되는 등—과 연결이 불가능한 연속 동작들을 제안하는 한계를 보였다. 그러나 기술은 급속도로 빠르게 진화했다. 이제 AI는 관절의 가동 범위, 착지 시 미끄러짐, 중력과 균형 등 물리적인 제약까지 고려한 안무를 제안한다. 스탠퍼드 대학교(Stanford University)의 AI 도구 '엣지(EDGE, Editable Dance Generation from Music)'

가 그 예시다. 이 도구는 어떤 음악이든 입력하면 물리적으로 실현 가능한 3D 댄스 동작을 자동으로 생성하며, 안무가가 특정 부분만 수정하면 AI가 나머지 동작을 자연스럽게 연결해 준다. 기술은 이제 단순히 동작을 나열하는 수준을 넘어, 춤의 '문법'을 깊이 있게 이해하기 시작했다.

그러나 모든 움직임이 정량적인 수치로 측정되거나 데이터로 완벽하게 환원될 수 있는 것은 아니다. AI가 관절의 좌표를 기록할 수는 있지만, 무용수가 점프 직전 숨을 들이마시는 순간의 긴장, 착지 후 발바닥에 전해지는 무대의 미세한 탄성, 파트너와 눈이 마주칠 때 발생하는 미묘한 타이밍 조정 같은 요소들은 포착하지 못한다. 땀이 등을 타고 흐르는 감각, 조명 열기가 피부에 닿는 느낌, 관객의 숨소리가 만드는 공기의 밀도 등 무용수의 움직임에 영향을 미치는 수많은 질적 요소가 데이터 영역 바깥에 잔존한다.

무용수의 몸은 수십 년간의 훈련으로 축적된 '몸의 지혜'가 내재되어 있다. 중심을 잃을 것 같을 때 무의식적으로 무릎을 굽혀 균형을 잡고, 음악의 미묘한 변화를 감지하여 호흡을 조절하는 등의 판단은 의식보다 빠르게 몸이 스스로 내린다. AI가 패턴을 학습할지라도, 이러한 즉각적이고 직관적인 신체 반응까지 모방하기는 어렵다. 시선 처리, 표정의 변화, 손끝의 긴장도 카메라가 기록하는 것과 인간이 감각하는 것 사이에는 여전히 본질적인 간극이 존재한다.

이 현상을 단순히 '융합'이 아닌 '창조적 긴장'으로 바라봐야 한다. 신체의 언어와 데이터의 언어는 근본적으로 상이한 문법으로 작동한다. 신체는 총체적으로 감각하지만 데이터는 분석하고 계산한다. 신체는 흐름을 체화하지만 데이터는 정보를 분절한다. 이 둘이 만나는 지점에서는 완벽한 번역이 불가능하다. 그러나 바로 이 번역 불가능성이야말로 기존에 없던 새로운 창조적 대화를 촉발하는 원동력이 된다.

안무가들은 AI가 제시하는 '예측 불가능한' 동작에서 오히려 창작의 영감을 얻는다. 인간의 사고로는 떠올리기 어려운 동작 조합이나 예상치 못한 연결 지점들이 새로운 창작의 돌파구가 되기도 한다. AI는 수천 개의 움직임 영상을 학습하여, 특정 감정이나 주제에 최적화된 동작 조합을 순식간에 제시하는 능력을 갖추었다. 결론적으로 기술은 완벽한 예술가는 아니지만, 유능한 창작 대화 상대가 될 수 있다. 서로의 언어를 완전히 이해하지 못하는 불완전한 소통 속에서, 바로 그 간극을 통해 새로운 예술적 가치가 탄생하고 있다.

결국 우리는 인정해야 한다. 신체의 언어를 데이터로 완벽하게 번역하는 것은 불가능하며, 춤의 모든 순간을 데이터로 환원할 수도 없다. 그러나 이 불완전한 번역 속에서도 창조적인 대화는 지속될 수 있다. 오히려 그 불완전함이 대화를 멈추지 않게 하는 원동력이 된다. 기술이 춤의 극히 일부만을 포착한다는 사실 자체가, 역설적으로 춤의 본질이 무엇인지를 더욱 선명하게 드러내 준다.

'춤추는 기술'과 '감각하는 기계'. 이 모순적인 표현들이 우리에게 근원적인 질문을 던진다. 기계가 춤출 수 있다면 춤의 본질은 무엇이며, AI가 감각의 영역에 도달한다면 인간의 고유한 감각은 무엇이 다른가? 이 질문들 앞에서 우리는 무용이 단순히 신체의 움직임이 아니라, 살아있는 존재의 근원적인 증명임을 다시 깨닫게 된다. 몸과 데이터 사이의 창조적 긴장은 끝나지 않을 것이다. 그리고 이 긴장이야말로, 예술과 기술이 서로를 끊임없이 성숙시키는 유일한 방법이다.

함께 묻는 여정

AI 시대에 우리에게 필요한 것은 확신이 아니라 탐구다. 기술이 매일 진화하며 어제의 답이 오늘의 새로운 의문이 되는 지금, 이 책은 여러분을 함께 고민하는 여정으로 초대하고자 한다.

총 10개 장은 독립적이면서도 상호 연결된 하나의 긴 탐구의 복도를 형성한다.

제1장 "왜 AI와 무용을 이야기해야 하는가?"는 가장 인간적인 예술이 비인간적 기술과 만나는 지점에서 출발한다. 인간과 기계가 과연 함께 예술을 창조할 수 있을까? 이 질문은 곧바로 제2장 "춤추는 인공지능"으로 이어져, 생성형 AI와 딥러닝 기술이 실제로 춤을 '만들어내는 과정'을 면밀히 확인한다. 제3장은 "몸 없는 AI와 몸으로 말하는 인간"이 가진 근본적인 차이, 즉 감각, 리듬, 신체성의 문제를 직시한다. 로봇이 인간의 몸을 흉내 낼 수는 있어도, 과연 그 의미를 이해할 수 있을까?

제4장 "즉흥성과 알고리즘"은 이 긴장감을 더욱 깊이 파고든다. 예측 가능한 데이터와 예측 불가능한 인간의 즉흥 사이에서 벌어지는 실험들을 살펴보고 나면, 제5장 "감정을 춤추는 기계"라는 민감한 영역으로 들어간다. 감성 인식 기술이 발전해도, AI가 진짜 감정을 느끼며 춤출 수 있을지에 대한 질문을 던진다.

제6장 "데이터, 무용을 기록하다"는 시선을 전환한다. 사라지는 예술을 영원히 남기는 방법을 탐색하는 동시

에, 데이터 수집 과정의 윤리적 문제를 들여다본다. 이 축적된 데이터를 바탕으로 AI가 안무를 만들 때, 우리는 제7장 "AI는 예술가가 될 수 있는가"라는 묵직한 물음 앞에 서게 된다. 창의성과 독창성, 저작권과 책임 등 창작의 주체에 대한 근본적인 사유를 시작하는 장이다.

제8장 "전통 무용과 AI의 만남"에서는 과거와 미래가 교차한다. 세대를 이어온 몸의 유산을 디지털로 보존하면서도 전통의 정신을 온전히 담아낼 수 있을까? 이 고민은 극장을 벗어나 거리와 광장으로 무용이 확장되는 제9장 "춤추는 도시, 연결된 사회"로 이어진다. 그리고 마지막 장 "우리가 함께 만든 무용"에서 모든 이야기가 모인다. 인간과 AI가 공동 창작하는 시대, 예술 창작의 패러다임이 바뀌고 있는 지금, 우리가 함께 만들어갈 새로운 생태계는 어떤 모습일지 조망하며 여정을 마무리한다.

어느 장부터 읽어도 무방하지만, 결국 모든 탐구는 하나의 핵심 질문으로 모인다. 바로 'AI 시대, 춤이란 무엇인가?'이다.

이 책은 세 가지 관점에서 읽힐 수 있다.

무용가라면 'AI 기술이 무엇이며, AI 기술을 자신의 예술 언어로 어떻게 체화할 것인가?'에 관해 물을 것이다.

AI의 동작 제안을 자신 몸의 언어로 번역하는 법, 알고리즘과 즉흥 사이의 균형점, 그리고 기술이 창작을 확장하는 가능성을 발견하게 될 것이다.

기술자는 '알고리즘적 사유로 예술 창작에 어떻게 기여할 것인가?'를 탐구할 것이다. 무용수의 움직임을 데이터로 변환할 때 무엇을 보존하고 놓치는지, AI가 예술적 표현을 어디까지 구현할 수 있는지 탐구하게 된다.

기획자는 '예술가와 기술자의 만남을 어떻게 설계할 것인가?'를 고민할 것이다. 두 세계를 연결하는 언어, 효과적인 협업 구조, 그리고 지속 가능한 새로운 창작 생태계를 구축하는 방법을 모색하게 된다.

세 관점은 결국 하나의 중심, 즉 AI 시대에 춤이 무엇이며, 인간은 왜 춤추고, 기술과 예술이 어떻게 공존할 수 있는지라는 공통의 지점으로 수렴한다. 서로 다른 자리에서 출발했지만, 우리는 모두 이 거대한 대화의 무대 위에 함께 서 있다.

이 책의 마지막 장을 덮는 순간은 탐구의 종결이 아닌, 새로운 사유의 시작점이다. 여기서 던진 모든 화두는 여러분의 현장, 즉 연습실, 연구실, 회의실 그리고 무대 위에 살아남아 있을 것이다. 기술은 끊임없이 진화할 것이고, 그에 발맞춰 우리의 고민 역시 멈추지 않고 진화해야 한다. 오늘의 해답이 내일의 새로운 질문이 되며, 이 대화는 쉼 없이 이어질 것이다. 이 책이 저자와 독자, 무용가와 기술자, 과거와 미래, 신체와 데이터 사이의 대화를 촉발하는 시발점이 되기를 희망한다. 이제 마지막으로 이 질문을 건네고 싶다.

"AI 시대, 당신은 어떤 춤을 원하는가?"

이 질문에 대한 답은 책에 쓰여 있지 않다. 그 답은 오직 당신이 써 내려가게 될 미래 속에 있다.

참고문헌

조선일보(2025.3.20). "공중제비에 브레이크 댄스까지… 현대차 공장에 투입될 이 로봇". https://www.chosun.com/economy/auto/2025/03/20/NHUIE6AZ2NHRZIJLRW5UTAUVCQ

조선일보(2025.5.14). "발레에 셔플댄스까지… 머스크가 공개한 춤추는 옵티머스 보니". https://www.chosun.com/economy/tech_it/2025/05/14/UAX7GE3Y75CF7FACZJZRXYPYQ4

AI Times(2022.11.25). "음악에 맞춰 춤추는 인공지능… 댄스 생성 AI 등장". https://www.aitimes.com/news/articleView.html?idxno=148118

Aoi+Esteban. https://aoiesteban.com/project/lilithaeon

Cyber Subin. https://cybersubin.media.mit.edu

EDGE. https://edge-dance.github.io

Experiments with Google. Living Archive by Wayne McGregor. https://experiments.withgoogle.com/living-archive-wayne-mcgregor

Expressive Machinery Lab. LuminAI. https://expressivemachinery.gatech.edu/luminai

McRainey, M.(2024.6.10). Teaching AI to Collaborate, not Merely Create, Through Dance. Georgia Tech Research. https://research.gatech.edu/teaching-ai-collaborate-not-merely-create-through-dance

Yamaha(2018.1.31). Yamaha Artificial Intelligence (AI) Transforms a Dancer into a Pianist. https://archive.yamaha.com/en/news_release/2018/18013101

01
왜 AI와 무용을 이야기해야 하는가

무용은 가장 인간적인 예술이다. 그럼에도 불구하고, 이제 AI가 무용의 무대에 능동적인 행위자로 오르고 있다. AI는 단순한 기술적 도구를 넘어 창작 파트너로 그 지위를 격상하고 있으며, 무용은 이러한 새로운 형태의 협업을 탐색하는 데 가장 적합한 출발점이다. 인간과 기계가 공동으로 예술을 창조하는 가능성에 대해 살펴본다.

기후 위기와 인공지능?

무용이라는 예술과 AI의 접점

2020년 12월, 미국 로봇 전문 기업인 보스턴 다이내믹스(Boston Dynamics)가 공개한 한 영상이 전 세계 인터넷을 강타했다. 1962년 히트곡 〈두 유 러브 미?(Do You Love Me?)〉에 맞춰 로봇들이 춤을 추는 모습이었다. 인간형 로봇 '아틀라스(Atlas)'와 네 발 로봇 개 '스팟(Spot)'은 트위스트와 토끼춤 같은 추억의 셔플 댄스 동작을 완벽하게 소화했다. 불과 2분 55초 분량의 이 짧은 영상은 일주일 만에 2300만 회 이상 조회되었으며, 많은 이들이 "이게 진짜일까?"라며 믿지 못했다.

6개월 뒤인 2021년 6월, 상황은 더욱 놀랍게 전개되었다. 세계적인 K팝 그룹 방탄소년단(BTS)이 보스턴 다이내믹스 로봇들과 함께 춤을 추는 영상이 공개된 것이다. 현대자동차의 보스턴 다이내믹스 인수를 기념한 이 영상에서 '아틀라스'와 '스팟'은 고난이도 단체 칼군무를 완벽하게 선보였다. CNN은 이 영상을 "소름 돋을 만큼 멋진(creepily awesome)" 장면으로 묘사했다(CNN, 2021). 로봇의 진화는 멈추지 않았다. 2025년 3월 '아틀라스'는 인간 움직임 데이터를 수집하고 AI 강화 학습을 거쳐 비약적으로 발전했다. 걷기, 뛰기, 기어가기 같은 기본 동작을 넘어 앞구르기, 측면 회전, 물구나무서기는 물론 브레이크댄스와 측면 공중제비까지 구사하기에 이르렀다.

이 일련의 사건들은 우리에게 중요한 질문을 던진다. '로봇이 춤을 출 수 있다면, 무용의 본질은 무엇인가?', '왜 우리는 특별히 무용과 AI의 만남에 주목해야 하는가?'

무용은 다른 어떤 예술과 달리 '신체'를 통해 직접적으로 표현되는 예술이다. 화가와 음악가가 각각 붓과 악기를 매개로 사용한다면, 무용가는 신체 그 자체가 작품의 매체이자 본질이다. 이처럼 몸으로만 표현된다고 알려져 있지만, 사실 그 몸의 표현을 관객에게 전달하는 방식은 시대와 함께 진화해 왔다. 무용은 역사적으로 항상 그 시대의 최첨단 기술과 만나며 발전해 온 것이다. 18세기 산업화 시대에 오페라 발레 작품 〈악마 로베르(Robert le Diable)〉는 가스등(gaslight) 조명을 활용하여 흰 치마를 붉게 물들이기도 하고(손민정, 2015), 19세기 에너지 혁명기 이후에는 이사도라 덩컨(Isadora Duncan)이 그 에너지의 기운을 몸의 파동과 움직임으로 새롭게 해석하며 현대 무용의 문을 열었다(김은정, 2016). 그리고 20세기 초, 현대무용가 로이 풀러(Loie Fuller)는 각도를 달리한 거울, 수직 배열 조명, 다양한 색상의 전구를 조합하는 첨단 무대 장치로 근대 무대 미학의 새로운 지평을 열었다(Fuller, 1895).

그러나 AI의 등장은 근본적인 차원에서 다르다. AI는 단순한 기술적 장치를 넘어 '움직임' 그 자체를 생성하며, 나아가 직접 춤을 추는 주체로 부상하고 있다. 이것이 무용과 AI의 관계를 심층적으로 논의해야 하는 이유다.

무용과 AI의 관계는 크게 두 가지 방향으로 논의된다. 첫째, 인간의 안무를 보조하고 새로운 동작을 제안하는 안무 파트너로서의 '창작하는 AI'다. 둘째, 실제 무대 위에서 인간 동작을 모방하거나 자율적으로 움직임을 구현하는 로봇형 '춤추는 AI'다. 첫 번째 '창작하는 AI'는 과거부터 안무 보조 도구를 활용해 왔다. 미국 현대무용가 머스 커닝햄(Merce Cunningham)은 이미 1991년, 3D 휴먼 애니메이션 프로그램 '라이프폼(Life Forms)'을 이용해 컴퓨터 안무 작품 〈트랙커스(Trackers)〉(1991)를 발표했다(김정아, 1996). 최근에는 영국 안무가 웨인 맥그리거(Wayne McGregor)가 구글과 공동 개발한 AI 안무 도구 '리빙 아카이브(Living Archive)'를 활용하여 〈리빙 아카이브: AI 퍼포먼스 실험(Living Archive: AI Experiment)〉(2019) 작품을 만들었다. 국내에서도 AI를 활용한 창작 사례가 활발하다. 국립현대무용단은 신창호 안무가의 작품 〈비욘드 블랙(Beyond Block)〉(2020)에서 AI '마디(Madi)'를 활용하여 무대를 선보였다. 국립발레단의 이영철 발레마스터는 AI 안무 도구 '리빙 아카이브'를 활용해 안무를 창작한 〈피지컬 싱킹+AI (Physical Thinking+AI)〉(2023)를 통해 AI와 발레의 만남을 입증했다.

두 번째, '춤추는 AI'의 등장이다. 스위스 취리히 연방공과대학교(ETH Zurich)의 사족 보행 로봇 '애니몰(ANYmal)'은 음악의 속도를 스스로 분석하고 그에 맞춰 반응한다(The Verge, 2018). 보스턴 다이내믹스의 휴머노이드 로봇 '아틀라스'는 점프, 공중제비 등 고난도 동작을 소화하며 진화를 거듭하고 있다. 창립자 마크 레이버트(Marc Raibert)는 "로봇이 로봇처럼이 아니라 인간처럼 춤추길 원했다"고 설명했는데(AP News, 2021), 실제로 이 춤 프로젝트를 통해 로봇은 업그레이드되었고, 동작 프로그래밍 도구 역시 획기적으로 발전했다.

무용은 인간의 가장 복잡하고 미묘한 움직임을 요구하는 예술이다. 따라서 AI가 무용을 성공적으로 구현한다는 것은, AI가 인간의 신체적 능력 및 감정적 표현력을 깊이 인지했다는 지표가 된다. 무용은 AI 기술의 신체 모방 및 창조 능력을 측정하는 최고 난이도의 테스트 베드인 것이다.

결론적으로, 무용과 AI의 만남은 단순한 기술 발전 이상의 의미가 있다. 가장 인간적인 예술인 무용이 AI를 만났을 때를 관찰하는 것은 미래 사회에서 인간과 AI의 공존 가능성을 엿보는 것과 같다. 이것이 바로 우리가 지금, 무용과 AI에 관해 이야기해야 하는 이유다.

기술을 도구에서 동반자로 보는 전환

예술 영역에서 기술은 오랫동안 조명, 음향, 영상 장비와 같은 창작 보조적 도구에 머물렀다. 그러나 최근 AI 등장은 기술의 역할을 '도구'에서 '동반자'로 근본적인 전환을 이끌고 있다.

이러한 변화를 신도하는 인물이 바로 영국 안무가 웨인 맥그리거다. 그는 이미 2004년부터 AI와의 협업을 시작했다. 그는 AI를 단순한 활용 대상이 아닌, '11번째 무용수'라 칭하며 공동 창작에 참여하는 파트너로 인정했다. 그의 작품 〈아토모스(Atomos)〉(2013)에서 AI 프로그램 '비커밍(Becoming)'은 무용수들의 움직임에 실시간으로 반응하며 새로운 동작을 제안했다. 마치 안무 조수가 "이렇게 해보면 어떨까요?"라고 제안하듯이 말이다.

맥그리거는 AI 기술과 협업하는 아티스트들에게 다음과 같이 조언하며 주도적인 역할을 강조한다. "당신은 기술 도입자가 되고 싶지는 않을 겁니다. 초기 단계부터 논의에 참여하며 주도자가 되어야 합니다. 앞서 나가야 합니다. 그렇지 않으면 기술에 종속될 뿐입니다(The Guardian, 2024)." 실제로 그는 구글과 협업할 때도 완성된 프로그램을 받아 쓰는 대신, 개발 과정 내내 예술가로서 자신의 비전을 제시하며 AI 도구를 함께 만들어 나갔다.

미국 조지아 공과대학교(Georgia Institute of Technology) 디지털미디어학과와 케네소 주립대학교(Kennesaw State University) 무용과가 협력하여 선보인 공연 〈루민 AI: 무용과 AI의 협업 퍼포먼스(LuminAI: A Performance Collaboration of Dance and AI)〉(2024)는 한 발짝 더 나아간 사례다. 이 공연은 화면에 투사되는 아바타 형태의 AI가 인간 무용 파트너와 함께 즉흥적으로 동작을 선보인다. 이는 단순한 '명령과 실행'의 관계가 아닌, 진정한 대화와 협업에 가깝다(Warton, 2024).

이러한 기술 역할의 전환은 예술가들의 인식 변화와 맞물려 일어난다. 임준희(2024)의 안무가 26명 대상 설문조사 결과에 따르면, 안무가들은 AI를 반복 작업 및 데이터 분석을 돕는 보조적 도구로 긍정 평가하면서도, 예술적 창의성은 여전히 인간의 고유 영역으로 간주했다. 즉, 상당수의 안무가는 AI가 창작 과정에서 주도적 위치를 차지하는 것에 대해 경계심을 보인 것이다. 더 나아가 박유나(2024)는 'AI 학습을 위한 신체의 도구화', '인간과 AI의 수행 능력로 인한 신체 소외', '자본 및 권력에 의한 신체 소외' 등 윤리적 및 사회적 우려를 제기했다.

그러나 다른 관점도 존재한다. 이영철(2025)은 AI를 활용한 창작 발레 작업 경험을 통해 "AI의 다양한 제안을 통해 고정된 사고에서 벗어나 새로운 표현 가능성을 발견했고, 창작 과정의 심리적 장벽이 낮아졌다"고 평가했다. 이는 AI가 창작을 위협하는 존재가 아니라 오히려 창의성을 극대화하는 파트너가 될 수 있음을 시사한다.

AI는 더 이상 무대 뒤에 머무는 보조자가 아니다. 이제 무대 위에 함께 올라 예술가와 춤을 만들고 의미를 구성하는 새로운 창작 파트너로 떠오르고 있다. 기술을 철저히 분리하거나 통제하려는 태도보다는, 그것과 함께 창작을 실현하고 확장해 가는 협력적인 태도가 오늘날 예술가에게 더욱 중요하게 요구된다.

무용을 통해 본 인간과 AI의 협업 가능성

AI가 단순한 도구를 넘어 창작 파트너로 자리 잡으면서, 우리는 새로운 질문 앞에 서게 된다. 인간과 기계는 실제로 어떤 방식으로 함께 예술을 만들어 갈 수 있을까? 이 질문을 탐색하는 데 무용보다 적합한 분야는 드물다. 신체의 직관과 즉흥성으로 구성된 무용이야말로 인간 고유의 표현 영역이기 때문이다. 이 가장 인간적인 영역에서 기계와의 협업이 실현될 경우, 우리는 '창작의 본질'에 대한 근본적 질문을 재고하게 될 것이다.

이미 국내 무용계에서는 여러 방식의 인간과 AI 협업이 활발하게 실험되고 있다. '2018 융복합 무대 기술을 활용한 공연 예술 Art & Technology 지원 사업'의 선정작인 프로젝트팀 '하와유(HOWHYOU)'의 〈고도(GODOT)〉(2019)는 현대 무용과 기술 융합 공연으로 선구적 사례를 보여 주었다(일간투데이, 2019). 이정연의 〈루시드 드림(Lucid Dream)〉(2019)은 MR(혼합현실) 기술을 한국 최초로 현대 무용과 접목했으며(이정연, 2023), 신채롱의 〈세 개의 방〉(2020)은 VR 콘텐츠를 활용한 무용 창작을 선보였다(신채롱 · 김형남, 2021). 최근에는 Chat GPT 같은 생성형 AI를 활용한 무용 작품들도 계속 등장하고 있다. 서울세계무용축제(SIDance)에서 선보인 김혜연의 〈예술래잡기술〉(2023), 한국무용제전 우수 작품상 수상작 김정아의 〈질문(Query)〉(2024) 등이 대표적이다.

이러한 협업은 다양한 형태로 나타난다. 어떤 안무가

는 AI가 만든 동작 패턴을 재료 삼아 자신만의 언어로 재구성한다. 또 다른 방향에서는 무용수의 몸짓을 실시간으로 감지하고 거기에 화답하는 양방향 AI 퍼포먼스가 무대에 오른다. 무용수가 AI의 예측 불가능한 제안을 자신의 신체 언어로 번역하면, AI는 그 반응을 데이터로 수용하여 다음 동작을 조정한다. 이는 지시와 수행의 단방향 관계가 아닌, 상호 영향을 주고받는 양방향 협업 구조다.

이러한 협업은 단순히 기능적 효율성을 넘어선다. AI는 무용을 통해 인간 특유의 감성, 미묘한 리듬, 공간 인지 감각을 학습한다. 동시에 인간 무용수들은 AI와의 작업에서 기존의 고정관념을 벗어난 움직임의 가능성과 낯선 시간 감각을 발견한다. 전혀 다른 논리로 작동하는 두 주체가 예술이라는 매개로 대화하는 것과 같다.

〈비욘드 블랙〉(2020)의 신창호 안무가는 AI가 제시한 동작을 재구성하는 과정에서 "처음부터 완전히 새로운 것을 만들 때보다 창의력이 훨씬 많이 쓰인다"는 소감을 밝혔다(한국일보, 2020). AI의 예상치 못한 제안이 오히려 인간의 상상력을 자극한 것이다. 이것이야말로 무용이 보여줄 수 있는 가장 혁신적인 협업 모델이다.

아직까지는 사람이 중심을 잡고 AI가 이를 돕는 형태가 주를 이루지만, 기술이 발전할수록 누가 주체이고 누가 보조자인지 구분하기 어려워지고 있다. 이제 예술가는 AI를 실험 동료로 인정하고, AI는 예술가가 내린 판단으로부터 배운다. 단순히 도와주는 관계를 넘어, 함께 만들어가는 '공동 안무가'의 관계로 진화하는 중이다.

무용은 살아 있는 인간 신체가 기술을 수용하고, 기계적 움직임이 예술적 의미로 전이되는 순간을 가장 생생하게 보여 준다. 바로 이 지점에서 무용은 인간과 AI가 상호 영향을 주며 창작의 지평을 확장하는 과정을 관찰하기에 최적의 예술 분야다. 이러한 실험들이 우리에게 알려주는 메시지는 명확하다. 예술이 더 이상 인간만의 영역이 아니며, 인간과 기계가 함께 상상력을 펼치는 새로운 창작의 무대가 되어가고 있다는 사실이다.

참고문헌

김은정(2016). "토마스 쿤의 패러다임 구분에 따른 과학사와 무용사의 연관성 연구". 경희대학교 박사학위논문.

김정아(1996). "컴퓨터 프로그램인 Life Forms를 이용한 안무 방법에 관한 연구". 이화여자대학교 석사학위논문.

김정아(2025). "무용과 AI 기술의 협업을 통한 공연 창작연구: 무용 작품 'Query'의 안무를 중심으로". 《연기예술연구》, 37(1), 83~103쪽.

동아일보(2023.7.1). "극본 쓰고 발레 안무 구상… 인공지능, 창작 영역에 도전하다".

https://www.donga.com/news/Economy/article/all/20230630/120025975/1
매일경제(2025.3.20). "'로봇이 달리기에 브레이크 댄스까지'… 보스턴다이나믹스, 업그레이드된 '아틀라스' 시연 영상 공개". https://www.mk.co.kr/news/business/11269092
박유나(2024). "인공지능(AI)과 함께하는 무용 예술작업에서 현장 작업자들이 마주할 수 있는 윤리적 상황에 관한 탐구: 무용가의 몸 소외 현상을 중심으로". 《무용역사기록학》, 74, 3~26쪽.
손민정(2015). "과학기술과 19세기 음악의 시·청각적 변화". 《미학예술학연구》, 43, 123~154쪽.
신채롱·김형남(2021). "VR 콘텐츠를 활용한 무용작품 〈세 개의 방〉 창작과정 연구". 《한국무용학회지》, 21(2), 1~16쪽.
엠투데이(2021.1.22). "1주일 만에 2,300만 회 기록한 보스턴 다이나믹스社 춤추는 로봇의 비밀은?". https://www.autodaily.co.kr/news/articleView.html?idxno=425250
이영철(2025). "AI 리빙아카이브를 활용한 창작발레 구현에 관한 제언". 《대한무용학회논문집》, 83(2), 133~156쪽.
이정연(2023). "증강현실과 혼합현실 기술이 현대무용 창작에 미치는 영향: 작품 〈루시드 드림(Lucid Dream)〉을 중심으로". 《한국무용학회지》, 23(3), 27~37쪽.
일간투데이(2019.1.18). "예술과 기술의 만남… '4차산업혁명 무대' 펼쳐진다".
임준희(2024). "LLM을 활용한 생성형 AI에 대한 안무가 인식조사". 《대한무용학회논문집》, 82(4), 237~257쪽.
조선일보(2020.6.23). "국립현대무용단의 신작 '비욘드 블랙,' 온라인에서 최초 공개". https://www.chosun.com/site/data/html_dir/2020/06/23/2020062303603.html

한국일보(2020.6.12). "첫 인공지능 안무 '비욘드 블랙'… 사람보다 더 유연한 춤이었다".
https://www.hankookilbo.com/News/Read/202006111834087807
AP News(2021.1.21). Behind those dancing robots, scientists had to bust a move.
https://apnews.com/article/boston-dynamics-robot-dancing-d684559324a385209c0da353a76363bc
Boston Dynamics(2020.12.30). Do you love me?. [Video]. YouTube.
https://www.youtube.com/watch?v=fn3KWM1kuAw
CNN(2021.6.30). Dancing robot dog teams up with popular K-pop band BTS.
https://edition.cnn.com/videos/tech/2021/06/30/bts-dancing-boston-dynamics-robot-dogs-spot-moos-pkg-vpx.cnn
Fuller, M. L.(1895). Theatrical Stage Mechanism (US Patent No. 533167). https://patents.google.com/patent/US533167A/en
Google Arts & Culture. Living Archive: Creating Choreography with Artificial Intelligence.
https://artsandculture.google.com/story/living-archive-creating-choreography-with-artificial-intelligence-studio-wayne-mcgregor/1AUBpanMqZxTiQ?hl=en
Google Arts & Culture. Wayne McGregor Living Archive.
https://artsandculture.google.com/experiment/wayne-mcgregor-living-archive/vgEOHqefATIL-A
The Guardian(2024.10.29). Small step or a giant leap? What AI means for the dance world.
https://www.theguardian.com/stage/2024/oct/29/small-st

ep-or-a-giant-leap-what-ai-means-for-the-dance-world

The Verge(2018.3.12). This quadruped robot doesn't dance any worse than your dad. https://www.theverge.com/2018/3/12/17108824/robot-dance-anymal-eth-zurich?

Wharton, R.(2024.5.12). LuminAI puts human dancers and AI on the same stage. ARTS ATL. https://www.artsatl.org/luminai-puts-human-dancers-and-ai-on-the-same-stage

Wayne McGregor. Choreographic Language Agent. https://waynemcgregor.com/research/choreographic-language-agent

02
춤추는 인공지능

AI의 자율적인 안무 창작 문제는 이미 단순한 가능성의 영역을 넘어섰다. 생성형 AI 및 안무 알고리즘은 실제로 춤을 생성하고 있다. 딥러닝 기술은 방대한 데이터로부터 움직임 패턴과 구조를 학습하며, 무용 창작의 패러다임 자체를 변혁시키고 있다. AI가 움직임을 인지하고 학습하는 원리와 인간 무용수와의 공동 창작 방식을 살펴본다.

노래하는 AI 보컬?

생성형 AI와 안무 알고리즘의 등장

2010년대의 AI는 바둑 수 계산이나 이미지 분류−고양이/쿠키 구별−와 같은 판별 중심 과제에서 강점을 나타냈다. 그러나 2014년 GAN(Generative Adversarial Network, 생성적 적대 신경망)의 등장은 AI의 역할을 '분석'에서 '창조'의 영역으로 확장하는 결정적 패러다임 전환을 야기했다. 2017년에는 트랜스포머(Transformer) 모델이 등장하여, 시퀀스 전체를 장기적으로 조망−마치 책 한 권을 읽으면서 앞뒤 내용을 모두 기억하고 연결하는 것처럼 긴 정보를 전체적으로 이해−하고 맥락을 파악하는 능력을 구현했다. 이는 AI가 인간과 유사한 자연스러운 텍스트, 이미지 및 움직임 시퀀스를 생성하는 기반이 되었다.

이러한 기술적 진보는 2020년 팬데믹이라는 특수한 환경과 맞물려 무용계를 포함한 공연 예술 전반으로 급속히 확산되었다. 비대면 전환이 가속화됨에 따라 AI 및 디지털 기술을 활용한 실험적 시도들이 무대 예술 영역에서 활발하게 전개되었다.

발레리나이자 물리학 박사인 메릿 무어(Merritt Moore)는 팬데믹 기간 중 로봇 파트너 '바리시니봇(Baryshnibot, 일명 UR10e Cobot)'과의 협업 안무를 통해 인간과 기계의 공존 가능성을 보여 주었다. 그녀는 "로봇이 나의 유일한 댄스 파트너가 될 줄 누가 알았을까"라고 소감을 밝혔다(Universal Robots 블로그). 또한 〈댄싱 인투 더 메타버스(Dancing into the Metaverse)〉(2021)는 물리적으로 떨어진 무용수들을 가상 환경에서 연결해 실시간 상호작용을 구현했으며(Strutt, 2024), AI 튜터 시스템 '댄싱인사이드(DancingInside)'는 온라인 무용 교육의 한계를 보완하며 새로운 교육적 대안을 제시했다(Kang et al., 2023).

이러한 흐름 속에서 안무 알고리즘(Choreographic Algorithm)이라는 개념이 정립되었다. 이는 무용수의 움직임을 단순히 기록하거나 재현하는 단계를 넘어, 데이터와 규칙을 기반으로 새로운 동작의 조합과 변형을 자율적으로 생성하는 시스템을 의미한다. 과거 안무가의 직관에 의존하던 동작 구성이 이제는 알고리즘에 의해 분석되고 재조합되는 시대로 진입한 것이다. 황(Y. Huang)과 리우(Liu)(2021)는 cGAN(conditional GAN, 조건부 생성적 적대 신경망)을 활용하여 음악의 비트와 리듬에 맞춰 춤 동작을 생성하는 연구를 발표, 청각 정보의 시각적 변환 가능성을 입증했다. 선(Sun) 외(2020)는 GAN 기반의 딥댄스(DeepDance)를 개발하여 입력된 음악에 가장 적합한 무용 동작을 예측 및 생성함으로써, 단순 재생이 아닌 음악적 맥락을 이해하는 안무 창조 능력을 보여 주었다.

2010년대 중반 GAN의 등장과 Transformer 모델의 확산, 그리고 2020년대 팬데믹이 촉발한 디지털 전환이 맞물리면서, 무용계는 '생성형 AI가 제안하는 춤'이라는 새로운 국면에 진입했다. 이제 안무 알고리즘은 단순한 기술적 도구를 넘어, 무용 창작 방법론을 근본적으로 재편하는 새로운 예술 언어다. 인간이 신체적 직관으로 축적된 춤의 역사 위에, 데이터와 알고리즘이 정교하게 직조하는 생성형 안무의 시대가 본격적으로 개막했다.

기술이 인간의 가장 본질적이고 원초적인 표현 수단인 춤을 해석하고 창조해 내고 있다. 이를 통해 AI와 예술의 경계를 허무는 동시에 창작의 지평을 전례 없는 영역으로 확장하고 있다.

안무를 학습하고 만드는 AI의 원리

우리가 춤을 배울 때를 떠올려 보자. 음악에 맞춰 선생님 동작을 보고 따라 하던 경험은 누구나 있을 것이다. 인간이 시각, 청각, 그리고 신체적 모방을 통해 춤을 체화한다면, 신체가 부재한 AI는 이를 데이터의 해석과 변환 과정으로 수행한다. AI에게 무용은 신체적 직관이 아닌 디지털화된 데이터의 총합이다. 카메라 영상, 모션 캡처 센서로 추출된 3차원 관절 좌표 그리고 라바노테이션(Labanotation) 같은 무용 기보 체계가 AI 학습을 위한 교재가 된다(신경아, 2024).

이러한 데이터를 학습하여 춤을 생성하는 AI의 배후에는, 인간 뇌의 신경망을 모방하여 설계된 알고리즘이 존재한다. 안무 생성 AI는 각기 다른 정보 처리 특성을 가진 세 가지 핵심 아키텍처, 즉 CNN, RNN(및 Transformer), GAN을 활용하여 안무의 시공간적 요소를 분석하고 생성한다.

CNN(Convolutional Neural Network, 합성곱 신경망)은 본래 이미지 인식 및 분류에 특화된 모델이지만, 무용 데이터에서는 동작의 공간적 특징을 추출하는 데 탁월한 성능을 발휘한다. 즉, 사진 속 사물이나 얼굴을 인식하는 성능을 기반으로 무용 영상 속 무용수의 손과 발 움직임을 정밀하게 구분하는 데 활용될 수 있다. 마치 예리한 눈을 가진 무용 평론가처럼, 영상 프레임 내에서 무용수의 신체 부위가 점유하는 위치, 사지의 각도, 그리고 전체적인 조형미를 정밀하게 포착하여 수치화한다.

춤은 정지된 이미지가 아니라 시간의 흐름 속에서 전

개되는 연속적인 동작이다. 이를 처리하기 위해 RNN(Recurrent Neural Network, 순환 신경망)이 사용된다. RNN은 시계열 데이터(Time-series Data) 처리에 특화되어 이전 동작의 맥락을 바탕으로 다음 동작을 예측한다. 시간에 따라 변화하는 데이터를 잘 처리하기 때문에 춤처럼 동작이 연속적으로 이어지는 패턴을 학습하는 데 적합하다. 그러나 시퀀스가 길어질수록 초기 정보가 희석되는 '장기 의존성' 문제가 발생한다. 마치 한 줄로 늘어선 무용수들이 차례차례 움직이는 동작이 길어질수록 앞부분의 기억이 희미해지고, 복잡한 춤 전체를 멀리 내다보는 데에는 한계가 있다. 이를 보완하기 위해 LSTM(Long Short-Term Memory, 장단기 메모리), GRU(Gated Reccurnet Unit, 게이트 순환 유닛)가 등장하며 기억력을 강화했으나, 그 길이가 무한하지 않다는 한계가 있었다. 이러한 한계를 극복하고 새로운 패러다임을 제시한 것이 트랜스포머(Transformer) 기반 모델이다. 트랜드포머는 순차적 정보 처리 방식인 RNN과 달리, 어텐션 메커니즘(Attention Mechanism)을 통해 시퀀스 전체를 비순차적으로 조망하고 처리한다. 이제 AI는 무용수 한 명씩 기억하는 대신, 무대 위의 모든 무용수와 동작의 흐름을 한눈에 파악하는 안무 감독처럼 움직인다. 동작 간의 장거리 상호작용과 전체 맥락을 이해함으로써 긴 안무나 복잡한 패턴을 잘 생성할 수 있게 되었다. RNN이 시간의 강을 따라 하나씩 기억하는 방식이라면 트랜스포머는 한눈에 전체 지도를 펼쳐놓고 관계를 파악하는 방식이다.

마지막으로, 생성 단계에서는 GAN(Generative Adversarial Network, 생성적 적대 신경망)이 활용된다. GAN은 '생성자'와 '판별자'라는 두 개의 신경망이 경쟁적으로 학습하는 구조를 가진다. 생성자는 실제와 유사한 가상의 춤 동작을 생성하고, 판별자는 생성된 동작이 실제 무용수가 춘 동작 데이터인지 가짜인지 판별한다. 생성자와 판별자의 경쟁적 학습 구조를 통해, 생성자는 실제 데이터와 구별하기 어려운 창의적이고 생생한 무용 움직임을 제시하도록 끊임없이 발전한다.

이러한 기술적 진보는 이론을 넘어 실제 창작 현장에 적용되고 있다. 대표적인 사례로 영국 안무가 웨인 맥그리거와 구글이 공동 개발한 '리빙 아카이브(Living Archive)'를 꼽을 수 있다. 그는 자신의 방대한 안무 아카이브를 학습한 AI가 제안하는 예측 불가능한 움직임을 무용수들과 함께 발전시켰으며, 이는 국립발레단의 〈피지컬 싱킹+AI(Phycial Thinking+AI)〉와 같은 작품으로 이어졌다. AI가 단순한 도구를 넘어 실질적인 창작 파트너로서 가능할 수 있음을 보여 준 중요한 사례다.

물론 기술적 한계는 여전히 존재하다. 알고리즘이 생성한 움직임은 때로 기계적이며, 무용수 고유의 호흡, 감정, 미묘한 신체 감각을 모두 담아내기는 어렵다. 그러나 현대의 안무가들은 이러한 AI의 제안을 큐레이션하고 인간의 신체성을 덧입혀 확장함으로써, 인간과 기계가 공존하는 새로운 예술적 가능성을 탐구하고 있다.

AI와 무용수의 협업 사례

AI와 무용수의 무대 위 협력은 더 이상 공상 과학적 상상이 아니다. 최근 세계 각국의 공연 예술계에서 AI는 단순한 기술을 넘어, 안무가와 무용수의 대등한 창작 주체로 부상하며 예술의 패러다임을 재정립하고 있다. 다음은 인간의 신체성과 AI의 데이터 처리 능력이 결합하여 탄생시킨 대표적인 글로벌 협업 사례들이다.

〈릴리트.이온(Lilith.Aeon)〉(프랑스, 2024)은 'AI 무용수'가 주체적 퍼포머로 등장한 사례다. 디지털 캐릭터 '릴리트(Lilith)'는 LED 큐브 안에서 춤추며 관객의 움직임과 반응 데이터를 실시간으로 수집하고, 이를 기반으로 안무를 즉각적으로 변형시키는 하이브리드 퍼포먼스를 구현한다. 안무가들의 움직임 데이터를 학습한 릴리트가 이를 재조합하여 생성해 낸 춤은, 인간과 AI가 실시간 상호작용을 통해 완성하는 하이브리드 퍼포먼스의 정수를 보여 준다.

클라우드 게이트 무용단(Cloud Gate Dance Theatre of Taiwan)의 〈Waves〉(대만, 2023)는 무용수의 신체 데이터 및 움직임 궤적을 분석하여 시각적/청각적 요소로 치환하는 데이터 시각화 기반의 독창적인 시도를 했다. 무용수는 자신의 데이터로 생성된 '디지털 분신'과 대화하듯 춤을 추며, 관객에게 비가시적인 신체 내부의 리듬을 공감각적으로 체험하게 한다.

〈AI Transmutations〉(독일)의 안무가 키아니 델 발레(Kiani del Valle)는 자신의 동작을 모션 캡처로 기록하여 AI에 학습시켰다. 이 작품에서 AI는 단독자의 춤을 다수의 가상 무용수로 증식시켜 스크린 위에 구현한다. 실제 무용수와 가상의 군무진이 함께 펼치는 무대는 인간의 제한된 신체성이 AI 기술을 매개로 물리적 공간을 넘어 어떻게 확장될 수 있는지를 실험적으로 증명한다.

힙합 댄스 공연 〈Fray〉(영국, 2024)는 스토리텔링과 퍼포먼스에 AI를 접목하는 과감한 시도를 했다. 실제 스페인 게임 스튜디오와 협력하여 PC 게임 FRAY Game을 개발했고, 모바일 게임 FRAY Jam을 통해 관객과 상호작용하려 노력했다. 극 중 AI 캐릭터 루시우스(Lucious) 제작에는 실제 댄서 촬영, 첨단 3D 모델링 기술을 활용한 애니메이션 제작 등 여러 단계가 포함되었다. 총괄 프로듀서 듀하멜(Duhamel)은 이 작품을 통해 급격한 디지털화 속에서도 인간적인 연결의 중요성을 강조하고자 했다(Nadiya, 2024).

일레븐 플레이(ELEVENPLAY)×리조마틱스(Rhizomatiks)의 〈디스크리트 피겨스(Discrete Figures)〉(일본, 2018)는 무용단과 테크 예술팀, 미디어 아티스트가 협업하여 인간 무용수, AI 드론, 가상 무용수가 공존하는 생태계를 구축했다. 특히 이를 위해 개발된 '댄스투댄스(dance2dance)' 모델은 수학적 규칙과 데이터로 직조된 정교한 춤을 선보이며, 데이터 기반 안무의 미학적 가능성을 제시했다(Pizzo, 2021).

이러한 사례들은 AI가 단순한 기술적 도구가 아니며 '창작의 동반자'로 격상되었음을 시사한다. 무용수는 AI가 제시하는 비인간적이고 낯선 움직임에서 고정관념을 깨는 영감을 얻는다. 관객은 인간과 기계의 공존을 목격하며 예술의 경계가 확장되는 현장을 체험한다. 무용의 언어는 이제 무대 위 신체의 움직임에 국한되지 않으며,

데이터와 알고리즘이 결합하여 직조되는 새로운 차원의 예술적 표현 체계로 진화하고 있다.

참고문헌

신경아(2024). "무용예술에서 생성형 인공지능의 역할과 가능성: CNN, RNN 및 GAN 기술의 적용". 《한국예술연구》, 45, 5~26쪽.

임준희(2024). "생성형 AI 시대 무용 예술 분야의 변화". 《대한무용학회논문집》, 82(2), 177~198쪽.

Huang, Y. & Liu, W.(2021). Choreography cGAN: generating dances with music beats using conditional generative adversarial networks. *Neural Computing and Applications, 33*, pp.9817~9833.

Kang, J. et al.(2023). Dancing on the inside: A qualitative study on online dance learning with teacher-AI cooperation. *Education and Information Technologies, 28*, pp.12111~12141.

Nadiya Shay(2024.6.6). Kate Duhamel Discusses 'FRAY' The Game-Changing Hip-Hop Dance Show. I Am Hip-Hop Magazine. https://www.iamhiphopmagazine.com/kate-duhamel-discusses-fray-the-game-changing-hip-hop-dance-show

Pizzo, A.(2021). Performing/Watching Artificial Intelligence on Stage. *Skenè. Journal of Theatre and Drama Studies, 7*(1), pp.91~110.

Strutt, D.(2024). Dancing into the metaverse: Creating a framework for ethical and ecological telematic dance practice and performance. In Aebischer, P. & Nicholas, R.(eds.). *Adaptation and Resilience in the Performing Arts*, pp.42~64. Manchester University Press.

Sun, G. et al.(2020). DeepDance: Music-to-Dance Motion Choreography With Adversarial Learning. *IEEE Transactions on Multimedia, 23*, pp.497~509.

Universal Robots(2020.12.10). Dancing through the pandemic: How a quantum physicist taught a cobot to dance. Universal Robots Blog. https://www.universal-robots.com/blog/dancing-through-the-pandemic-how-a-quantum-physicist-taught-a-cobot-to-dance

03
몸 없는 AI와 몸으로 말하는 인간

AI는 신체성이 결여된 존재다. 그러나 무용은 철저히 신체를 매개로 발현되는 예술이다. 그렇다면 몸이 없는 AI는 어떻게 춤을 인지하고 표현할 수 있는가?
감각, 리듬, 신체성이라는 인간 고유의 움직임 요소를 중심으로 로봇 공학 및 인체 모방 기술의 현재를 탐색한다.

인공지능과 편향?

몸이 없는 AI, 어떻게 무용을 이해하나

AI는 물리적인 신체가 결여되어 오직 신경망 알고리즘과 방대한 데이터세트 내에서만 존재한다. 그럼에도 불구하고 인간의 신체 동작을 해석, 안무를 제안하며, 생성적 춤을 창조하는 능력은 움직임 데이터의 효율적인 수집 및 심층 학습 기술 덕분에 가능해졌다. AI는 직접적인 체화가 불가능하므로 카메라, 마이크, 센서를 통해 입력된 정보를 정량적인 수치 지도로 변환하는 방식으로 동작을 인식한다.

기존의 모션 캡처(Motion Capture)는 신체에 직접 센서를 부착해야 했지만, AI 기술의 발전은 센서 없이 비디오 영상만으로 동작 데이터 수집을 가능케 했다. '오픈포즈(OpenPose)' 시스템은 무용수의 신체 관절점 위치를 감지하고, 피에이에프에스(PAFs, Part Affinity Fields) 기술을 활용하여 관절 간의 연결 관계를 추론한다(Cao et al., 2017). 이는 다수의 인물이 등장하는 무용 영상에서 각 개체의 신체를 정확히 구분하는 데 매우 효과적이다.

구글의 미디어파이프 포즈(MediaPipe Pose, MPP)는 실시간으로 33개 신체 랜드마크(관절점)를 추출하여 동작을 기록 및 분석하는 기술이다. 센서 없이 동작을 인식할 수 있어, 휴머노이드 로봇 훈련이나 무용 동작 학습

애플리케이션에 폭넓게 응용된다(Kim et al., 2023).

이러한 기술들로 추출되는 데이터는 무용 영상에서 관절점을 선으로 연결한 '스켈레톤(Skeleton)' 형태로 나타난다. 이는 신체의 구조적 뼈대만 추출한 정량화된 데이터세트를 의미한다. 이때 각 관절점의 위치, 속도, 각도 변화량이 시간축에 따라 기록된다. AI는 이 방대한 스켈레톤 데이터를 학습하여 움직임의 확률적 패턴을 파악한다. 특정 움직임 이후에 발생할 다음 동작—예를 들어, 팔이 올라간 후 손목이 돌아가는 궤적—을 예측한다. 음악의 비트와 리듬에 대응하는 동작의 연결을 학습한다. 발레, 힙합 등 댄스 장르별 스타일 질감을 통계적으로 파악하여 유사한 느낌의 동작을 추천한다.

구글의 대규모 멀티모달 데이터세트 '아이스트++(AIST++)'는 이러한 학습 환경의 중요한 기반이다. 이 데이터세트는 9개 카메라 시점, 30명의 댄서, 10가지 댄스 장르—발레 재즈 포함—의 1408개 3D 모션 시퀀스를 포함하고 있다(Li et al., 2021). AI는 이 확장형 댄스 데이터세트를 학습하여 2D 및 3D 인간 포즈를 추정하고, 팩트(FACT, Flexible and Consistent Text-to-Motion Generation) 모델과 같은 기술을 통해 음악을 입력하면 자동으로 안무를 생성할 수 있다.

그러나 AI의 무용 인지 방식은 확률적 패턴의 재현에 가깝다는 근본적인 한계를 지닌다. 무용수가 신체로 느끼는 무게감, 피로도, 호흡의 질, 감정적 뉘앙스 등 질적 감각은 정량적 데이터로 환원되기 어렵다. 표정, 시선 등 맥락적 요소가 배제될 경우 어색하거나 비연속적인 동작을 산출하며, 인간 무용수의 즉흥성은 AI에게 '노이즈' 또는 '오류'로 처리되기도 한다. 즉, AI가 이해하는 무용은 '정제된 데이터로 환원된 춤'이다. 따라서 무용 연구자들은 AI의 안무가 새로운 가능성을 열어주면서도, 인간의 신체성을 도구화하고 고유의 몸 감각을 소외시킬 수 있다는 점에 대한 비판적 경계를 늦추지 않아야 한다.

인간의 감각과 리듬은 어떻게 작동하는가

인간은 감각의 총체적 통합을 통해 세계를 인식하며, 무용은 시각, 청각, 촉각은 물론 고유 감각 및 평형 감각 등 전체 감각 시스템이 유기적으로 작동하며 창조되는 예술이다. 무용수가 춤을 출 때 여러 감각 정보가 복합적으로 통합된다. 구체적으로 팔다리의 위치와 움직임을 인식하여 신체 도식을 구성하는 '고유 감각', 회전 중에도 귓속의 전정기관을 통해 균형을 잡는 '평형 감각', 바닥의 탄성 및 지지력을 감지하는 '촉각', 호흡 및 심장박동

등 신체 내부 생리적 리듬을 느끼는 '내부 감각'이 복합적으로 통합된다. 이러한 감각들의 통합은 무용수에게 '신체의 현존하는 위치 및 투여된 힘의 정도'에 대한 정확한 체화된 인지를 제공하며, 이를 통해 고난도 회전에서의 균형 유지나 파트너와의 리프팅 타이밍 조율이 가능해진다.

리듬 감각은 무용의 핵심 요소다. 인간은 음악을 들을 때 신체 움직임이 박자에 자연스럽게 동조되는 엔트레인먼트(Entrainmnet) 현상을 경험한다. 무용수는 단순히 박자를 세는 '카운트(Count)'를 넘어, 호흡을 들이마시는 미묘한 순간이나 박자 사이의 틈을 활용하여 감정의 흐름과 질감을 만들어 낸다. 이러한 고도의 반복적 훈련이 축적되어 소위 근육 기억 또는 절차적 기억이 형성된다. 무용수가 의식적인 통제 없이도 몸이 스스로 최적의 경로를 찾아 움직일 수 있게 하는 체화된 지식이다. 이러한 감각과 리듬의 결합이 무용을 단순한 '움직임의 연속'이 아닌, '살아 있는 표현적 사건'으로 승화시킨다.

현상학적 관점에서 신체는 단순한 물리적 객체가 아닌 '세계와의 소통을 매개하는 주체'다. 철학자 메를로 퐁티(Merleau Ponty)는 이를 '지각된 몸(Le corps propre)'이라 명명하며, 무용수의 몸이 세계와 지속적인 상호작용을 통해 새로운 리듬과 의미를 생성한다고 보았다(나수진 · 김연재, 2024). AI가 인간 무용수를 자연스럽게 모방하기 어려운 결정적인 이유는 바로 이 감각의 '총체성' 때문이다. 기계는 소리와 움직임을 정량적인 데이터로 분리하지만, 인간은 음악, 호흡, 감정을 하나의 리듬으로 통합하여 체화한다. 따라서 인간의 무용은 정제된 데이터의 재현이 아닌, 감각적 경험의 흐름 속에서 발생하는 예술적이고 존재론적인 사건이다.

로봇의 인체 모방 기술

몸을 가지지 않은 AI와 달리, 물리적 신체를 탑재한 하드웨어 플랫폼인 로봇은 AI가 생성한 동작 설계도를 실제 공간에서 구현하고, 검증하는 확장된 '기계적 신체'다. 인간의 움직임은 3차원 관절 좌표 데이터로 수집된 후, 시간축에 따라 배열된 관절 각도 시퀀스로 변환된다. 이 데이터를 로봇의 관절 구조에 맞게 재매핑하는 과정을 모션 리타기팅(Motion Retargeting)이라 한다. 이는 알고리즘적 변환 과정으로, 골격 구조와 자유도가 유사할 경우, 신체 길이와 비율 차이에도 불구하고 동작의 운동학적 유사성을 유지하며 다른 대상에 이식할 수 있도록 한다. 우리가 게임 속에서 캐릭터의 키와 외형을 바꾸어도 동일한 모션이 자연스럽게 적용되는 이유가 바로 이러한 리타기팅 기법 덕분이다(Baek et al., 2024).

미국의 '시미즈(Shimis)'는 음악 신호를 실시간 분석하여 리듬, 강세, 템포 정보를 추출하고, 그 결과에 따라 보행 패턴을 생성하는 음악 반응형 댄스 로봇이다. 스위스 취리히 연방공과대학교(ETH Zurich)의 네 발 보행 로봇 '애니몰(ANYmal)'은 복잡 지형을 고려한 동역학 제어와 균형 제어 알고리즘을 탑재하여, 인간에게도 난이도가 높은 극단적 균형 동작과 비정형 보행 패턴을 구현할 수 있다. 머스 커닝햄의 '바이패드(BIPED)'(김현옥, 2009), 빌 T 존슨(Bill. T. Jones)의 '고스트캐칭(Ghostcatching)'(김주희, 2011) 등은 모션 캡처와 3D 데이터 기록 기술을 예술적으로 활용한 초기 사례로 신체 움직임을 디지털 데이터로 아키이빙하고 재구성하는 시도를 보여 준다.

현대자동차와 보스턴 다이내믹스(Boston Dynamics)는 방탄소년단의 〈IONIQ: I'm On It〉에 맞춰 칼군무를 추는 로봇 영상을 공개했다(보스턴 다이내믹스 공식 홈페이지). 발레리나이자 물리학 박사인 메릿 무어(Merritt Moore)의 로봇 파트너 '바리시니봇(Baryshnibot, 일명 UR10e Cobot)'은 6축 팔의 관절 구조를 활용해 인간 무용수의 관절 가동 범위를 넘어서는 궤적과 회전, 각도 조합을 구현한다. 이를 통해 인간 무용수와 로봇이 동선과 타이밍을 공유하며 무대 위에서 협업하는 실험을 수행했고, 로봇이 단순한 인간 동작의 모방을 넘어 '인간이 도달하기 어려운 신체 구성과 공간 활용'을 제시할 수 있음을 보여 주었다(Universal Robots blog). 스웨덴 안무가 프레드릭 리드만(Fredrik Rydman)은 키 2미터, 무게 900킬로그램에 달하는 산업용 로봇과 협업 공연을 선보였는데, 과거에는 안전 펜스 뒤 생산 라인에 고립되어 있던 이 로봇이, AI 기반 센서 인식과 안전 제어 기술 덕분에 사람과 음악, 무용수를 감지하며 함께 움직이는 협동 로봇으로 전환된 사례라 할 수 있다(ABB, 2018).

대만 안무가 황이(Huang Yi)의 작품에서 산업용 로봇 팔 '쿠카(KUKA)'가 단순 장치를 넘어 '무용 파트너'로 등장한다. 황이는 로봇 팔의 관절 궤적, 속도, 가/감속 곡선을 직접 프로그래밍하여 인간 무용수와 동일한 리듬 규칙을 공유하는 타임라인을 설계했다. 이는 인간 신체와 로봇 기계가 상호 의존적인 관계를 형성하는 인간-로봇 듀엣 구조를 구축한 사례다(Artburst, 2024).

2025년 중국 춘절 갈라에서는 휴머노이드 로봇 16대가 인간 무용수와 함께 양거(秧歌)를 선보였다. 이 공연은 다수 로봇의 동작을 중앙에서 정밀하게 동기화하는 모션 컨트롤 기술과 음악, 조명, 무용수와의 타임코드 연동을 담당하는 AI 기반 동기화 시스템을 결합해, 인간과 로봇이 하나의 '합주체'처럼 호흡을 맞추는 무대를 구현한 사례다(공병훈, 2025).

이러한 흐름 속에서 우리는 다음과 같은 질문에 직면한다. 이러한 흐름은 '기계의 신체'의 예술적 지위에 대한 질문을 던진다. 전통적으로 예술은 인간 신체를 매개로 한 창의성 및 체화된 경험을 근거로 삼아왔다. 그러나 로봇과 AI는 단순 도구를 넘어 창작 과정에 능동적으로 개입하는 새로운 행위자로 부상하고 있다. 관객을 감동시키는 움직임이 인간이 아닌 기계에서 비롯되었더라도, 그것이 충분한 미적 경험을 제공한다면 예술로 인정할 수 있는지에 대한 논의가 불가피하다.

다만, 기계의 몸에는 구조적 한계와 인간적 결핍이 동시에 존재한다. 즉흥성을 뒷받침하는 미세한 몸의 떨림, 감정의 진정성을 전달하는 호흡의 변화, 반복되는 연습 속에서 축적된 근육 피로와 땀의 질감 등은 현 단계의 로봇 시스템이 완전히 모사하기 어려운 영역이다. 현재의 로봇은 사전 설계된 궤적과 제어 규칙 안에서 움직이며, 센서 피드백을 통해 일정 수준의 적응성을 확보할 수는 있지만, 여전히 인간 특유의 체험 기반 판단과 정서적 맥락을 그대로 구현하지는 못한다. 따라서 '기계의 신체'의 역할은 인간 무용수를 대체하는 방향이 아닌, 인간과의 협업을 통해 새로운 미적 지평을 확장하는 데 그 의미가 있다.

참고문헌

공병훈(2025.4.22). "로봇과 AI, 무용의 경계를 허물다". 반디뉴스. https://www.bandinews.com/news/articleView.html?idxno=719

김주희(2011). "춤 공연에서 재현된 젠더적 신체가 갖는 의미: 빌 티 존스(Bill T. Jones)의 「고스트캐칭 Ghostcatching」을 중심으로". 《무용예술학연구》, 34(34), 61~89쪽.

김현옥(2009). "머스 커닝험의 안무 "바이패드"(Biped)에 관한 연구". 《대한무용학회논문집》, 59(59), 53~72쪽.

나수진·김연재(2024). "AI 시대의 무용 속 '몸'에 대한 현상학적 고찰". 《한국무용연구》, 42(2), 211~234쪽.

ABB(2018.9.8). Modern dance premiere is a delicate collaboration between human and ABB robot. https://new.abb.com/news/detail/6936/modern-dance-premiere-is-a-delicate-collaboration-between-human-and-abb-robot

Artburst(2024.11.18). 'Huang Yi & KUKA,' A dance duet of man and robot, at live arts miami. https://www.artburstmiami.com/dance-articles/huang-yi-kuka-a-duet-between-man-and-robot-at-live-arts-miami

Baek, S. et al.(2024). Human Motion Retargeting to a Full-scale Humanoid Robot Using a Monocular Camera and Human Pose Estimation. *International Journal of Control, Automation, and Systems, 22*(9), pp.2860~2870.

Boston Dynamics. All Together Now. https://bostondynamics.com/blog/all-together-now/

Cao, Z. et al.(2017). Realtime multi-person 2D pose estimation using part affinity fields. *Proceedings of the IEEE Conference on Computer Vision and Pattern Recognition*, pp.7291~7299.

Google Github. AIST++ Dance Motion Dataset. https://google.github.io/aistplusplus_dataset/index.html

Kim, J.-W. et al.(2023). Human Pose Estimation Using MediaPipe Pose and Optimization Method Based on a Humanoid Model. *Applied Sciences, 13*(4), 2700.

Li, R. et al.(2021). AI choreographer: Music conditioned 3D dance generation with AIST++. Proceedings of the *IEEE/CVF International Conference on Computer Vision*, pp.13381~13392.

Universal Robots(2020.12.10). Dancing through the pandemic: How a quantum physicist taught a cobot to dance. Universal Robots Blog. https://www.universal-robots.com/blog/dancing-through-the-pandemic-how-a-quantum-physicist-taught-a-cobot-to-dance

04
즉흥성과 알고리즘

즉흥은 무용 예술의 핵심적인 창작 요소이자 신체 기반의 감각적 반응이 투영되는 영역이다. 알고리즘 기반의 AI가 이러한 인간 고유의 즉흥성을 과연 재현하거나 대체할 수 있을까? 데이터 학습 기반의 AI 안무 생성 방식과 예측 불가능한 즉흥성 간의 근본적인 차이를 조명한다.

청각장애인과 AI?

즉흥이라는 인간적 창작의 속성

즉흥(Improvisation)은 무용 예술의 가장 본질적인 창작 속성 중 하나이며, 비계획적 동작의 흐름 속에서 신체가 시간 및 공간과 순간적으로 상호작용하는 행위다. 이는 의식적 통제 수준을 초월한 감각적 반응이며, 무용수 개인의 삶과 경험이 신체를 매개로 즉각적으로 외현화되는 예술적 사건으로 규정될 수 있다.

즉흥의 핵심은 다중 감각 정보의 통합적 처리에 있다. 무용수는 청각(리듬), 시각(상대의 움직임), 촉각(바닥의 물리적 특성) 등 다양한 감각 단서를 극히 짧은 시간 내에 종합하여 다음 동작을 결정하는 인지적 과정을 수행한다. 따라서 동일한 음악이라 하더라도 당일의 감정 상태, 조명의 질감, 관객의 호흡에 따라 신체의 궤적은 달라진다. 벅월터(Buckwalter, 2010)의 지적처럼, 이러한 즉흥은 단순한 무질서가 아닌, 무용수 개인이 내면화한 암묵적 규칙 체계 내에서 우연성이 발현되는 구조화된 창작 과정이다.

또한 즉흥은 본질적으로 관계의 예술이다. 독무에서는 음악, 공간, 조명과의 대화가 중심축을 이루며, 듀엣이나 군무에서는 호흡의 공유와 비언어적 신호 교환이 핵심적 역할을 담당한다. 매키넨(Mäkinen, 2023)은 이러한 즉흥이 자유, 책임, 선택이라는 개념을 필연적으로 수반하며, 무용수의 개인적 경험이 의사 결정 과정에서 결정적 역할을 한다고 분석한다.

데이터를 보고 안무를 짜는 AI

즉흥 연주는 뇌의 절차적 기억에 저장된 운동 패턴을 호출하여, 사전 학습된 청각 및 운동 정보를 기반으로 실시간 창작을 수행한다(박한솔 · 장민호, 2025). 이는 완전히 새로운 동작의 '제로 발명'이 아닌, 내재화된 패턴의 조합, 변형을 통한 창작이라는 점에서, 대규모 데이터 학습 후 재조합하는 AI의 생성적 작동 방식과 구조적 유사성을 보인다.

이러한 '무의식의 패턴'을 AI가 포착한 사례도 있다. 안무가 신창호는 AI를 활용해 안무를 설계한 작품 〈비욘드 블랙〉(2020)을 준비하면서 무용수 8명의 움직임을 촬영해 동작 데이터를 AI에 학습시켰다. 딥러닝 학습을 여러 차례 반복하자, 알고리즘이 일정한 움직임 패턴을 지속적으로 생성하는 현상이 관찰되었다. 이에 해당 무용수들에게 피드백을 구한 결과, '자신들이 무의식중에 사용하는 동작과 비슷하다'는 응답을 얻었다(연합뉴스, 2020). 즉 AI는 통계적 패턴 분석을 통해, 무용수 본인도 인지하지 못한 '습관적 움직임의 구조'를 가시화하였다.

AI는 인간처럼 자유로운 즉흥을 수행하지 않는다. 대신 데이터를 해석하고 확률적으로 예측한다. 대규모 무용 영상 및 모션 캡처 데이터로 훈련된 알고리즘은 확률적 시퀀스 모델을 기반으로 '다음에 등장할 개연성 높은 움직임'을 제안한다. 이는 '신체의 자동 완성(auto-complete of the body)'으로 개념화할 수 있다.

AI 안무 생성의 기술적 파이프라인은 다음과 같다. 비전 알고리즘이 무용 영상에서 어깨, 팔꿈치, 손목 등의 관절 위치를 프레임 단위로 추출하여 스켈레톤 데이터를 확보한다. 이 데이터는 시간 축에 따라 배열되어, 동작 변수가 초 및 프레임 단위로 기록된 시계열 데이터 테이블을 형성한다. AI 모델은 이 표를 수천, 수만 번 반복해서 읽으면서 '힙합에서는 어깨와 골반이 이런 식으로 연동된다', '발레에서는 발끝과 팔의 라인이 함께 열린다'와 같은 장르별, 스타일별 움직임 패턴을 내재화한다.

생성 단계에서는 인간의 '조건 설정'이 개입한다. 예를 들어 '느린 템포, 8카운트, 점점 커지는 동작'과 같이 제약을 줄 수도 있고, '왼팔을 들어 올린 이후 이어질 세 가지 후보 동작을 보여 줘'라고 분기 지점을 지정할 수도 있다. 그러면 AI는 학습된 분포에서 조건에 부합하는 움직임들을 확률 순으로 제안한다. 이때 '무작위 정도'를 조절해 보다 보수적인 선택(예상 가능한 전형적 조합)과 보다 실험적인 선택(드물게 등장하는 비정형 조합) 사이의 균형을 조정할 수 있다. 음악의 비트, 무대 공간의 크기, 충돌 회피 조건 등을 추가 제약으로 설정해, 제안된 안무가 실제 공연 환경과 물리적으로 양립 가능하도록 관리하는 것도 가능하다. 그러나 명확한 한계도 존재한다. AI는 실제로 '신체의 무게감'을 경험적으로 인지하지 못한다. 점프 후 착지 시의 미세한 힘 조절, 파트너와의 거리 및 속도 조율과 같은 접촉 기반의 감각 움직임은 여전히 인간 무용수의 판단과 조정이 필수적이다. 또한 학습 데이터가 특정 스타일이나 체형에 편중될 경우, 생성 모델은 해당 스타일을 과도하게 반복하며 패턴을 고착화하는 편향성 문제를 야기한다.

그래서 현실적인 활용 전략은 AI는 '1차 스케치'를 담당하고, 인간은 '편집과 해석'을 하는 역할 분담에 가깝다. 교실 현장에서는 수업 시간 내에 여러 안무 초안을 빠르게 확보하는 데 유용하고, 리허설 현장에서는 아이디어가 막힐 때 동선과 구성을 재구성할 수 있는 '우회로'로 기능한다. 중요한 것은, AI가 완성된 답안지를 제공하는 존재라기보다는, 안무가가 가공할 수 있는 초안과 다양한 후보군을 제시하는 조력자라는 점이다. 살아 있는 춤으로 만들 책임과 권한은 여전히 인간에게 남아 있다.

안무가 웨인 맥그리거는 구글과 협업하여 리빙 아카이브(Living Archive) 프로젝트를 수행했다. 이 프로젝트는 맥그리거의 25년간 안무 아카이브를 학습한 RNN(순환 신경망) 기반 알고리즘을 사용했다. AI는 무용수들의 수백 시간 분량의 무용 영상에서 동작을 추출한 후 시각적, 운동학적 유사성에 따라 분류하고, 입력된 동작 다음에 이어질 개연성 높은 후속 동작들을 제안하는 방식으로 작동했다. 이 과정에서 AI는 인간 안무가가 직관적으로 떠올리기 어려운 신체 조합이나 리듬감을 제시하기도 했다. 그러나 감정, 호흡, 순간적 판단과 같은 요소는 거의 고려되지 않기 때문에, 2019년 LA 초연 당시 "기술적 정합성은 높으나 예술적 감흥이 부족하다"는 평을 받은 것 또한 사실이다(Looseleaf, 2019).

예측 가능한 동작, 예측 불가능한 예술

AI는 통계적 확률에 기반하여 '개연성이 높은 후속 동작'을 예측하는 데 특화되어 있으며, 이는 안무 설계의 효율을 증진시키고 창작 탐색의 범위를 획기적으로 확장한다. 그러나 예술은 단순히 물리적 조합 가능성만으로 성립되지 않는다. 관객이 경험하는 예술적 감동은 주로 '예측 가능성과 예측 불가능성이 교차하는 지점'에서 발생한다.

AI 안무가 반복적으로 비판받는 이유도 이 지점과 맞닿아 있다. AI는 해부학적, 기계적으로 가능한 동작 시퀀스를 생성하지만, 거기에는 인간 무용수가 몸으로 겪어 온 경험, 감정, 즉흥적 선택이 상당 부분 비어 있다. 관객은 완전히 예측 가능한 움직임에서 예술적 긴장이나 놀람을 느끼지 않는다. 오히려 예상치 못한 순간, 불협화음, 실패와 같은 '예상 가능한 구조 안에서 발생하는 의외성'에서 강렬한 경험을 만든다. 그렇지만 관객은 전혀 예측할 수 없는 혼란 역시 쉽게 피로감을 일으킨다. 성공적인 공연은 '예상과 의외성'의 정교한 균형 설계를 요구한다. AI 모델에서 무작위성의 정도를 조절함으로써, 보수적이고 익숙한 조합과 실험적이지만 비정형적인 조합 사이의 스펙트럼이 결정된다. 인간 안무가는 그 스펙트럼 내에서 공연의 미학적 메시지에 부합하는 '놀람의 총량'을 조정하는 역할을 수행한다. 이때 AI 안무의 가치는 완성된 작품을 대신 만들어 주는 것이 아니라, 안무가와 무용수가 이 예측 불가능성의 영역을 제도적으로 실험, 탐색할 수 있도록 도구와 환경을 제공한다는 데 있다.

즉흥의 맥락에서는 이 균형이 더욱 역동적인 상호작용으로 작동한다. 한 행위자가 새로운 움직임 경로를 제시하면, 다른 행위자는 이를 보완하거나 대조적인 움직임으로 대응하며 운동적 긴장을 형성한다. 교육 현장에서는 '제한이 있는 즉흥'이 효과적이다. 예를 들어 '오른발은 바닥에서 떼지 않기', '시선은 관객을 바라보며, 관객에게 등을 보이지 않기'와 같은 간단한 규칙을 설정한 뒤, 그 안에서 최대한 변주하도록 요청하는 방식이다.

AI와의 협업도 유사한 프레임으로 설계할 수 있다. 예컨대 '상체 동작은 AI가 제안한 시퀀스를 따른다. 하체 동작은 무용수가 결정한다'거나, 'AI가 제안한 10가지 동작 중 3가지만 무작위로 선택해 연결한다'와 같은 역할 분담이 가능하다. 이렇게 하면 예측 가능한 구조와 의외성이 건강하게 공존하는 즉흥이 탄생한다. 무대 환경에서는 관객의 반응 소리, 조명 변화, 실시간 센서 정보 등을 AI의 입력으로 활용해, 제안되는 동작의 방향을 공연 중간에 전환시키는 방식도 활용될 수 있다. 공연은 기본적으로 설계된 구조를 유지하면서도, 외부 자극에 반응하는 '살아 있는 시스템'처럼 작동하게 된다. MIT 미디어랩의 〈사이버 수빈(Cyber Subin)〉(2024)은 관객이 공연

도중 가상 캐릭터의 움직임에 개입해 집단 안무를 재구성할 수 있도록 설계된 사례로, 인터랙티브 즉흥 구조를 잘 보여 준다.

다만, '무작위성 자체가 곧 창의성은 아니다'라는 점이다. 의미 없이 섞인 동작들은 금방 소모적이 되고, 관객은 우연 속에서도 어떤 서사나 정서의 실마리를 찾고자 한다. 예술가는 관객이 따라갈 수 있는 '손잡이'를 남겨야 한다. 반복되는 리듬, 공간을 가르는 큰 선, 관계를 암시하는 시선 처리, 이야기의 단서가 되는 제스처 등이 그런 예다. AI는 이런 손잡이를 일정하게 유지하고 변주하는 데 강점을 가지며, 인간은 그 손잡이를 어떻게 뒤틀어 감정과 서사를 생성할 것인지 설계하는 데 강점을 가진다. AI와 인간이 협업하면, 예측 가능한 뼈대 위에 예측 불가능한 살을 올리는 구조가 가능해진다. 즉흥성과 알고리즘의 대화는 바로 이 지점을 겨냥한다. 알고리즘이 탐색 가능한 경로들을 제시하고, 즉흥이 그 경로 위에서 새로운 풍경을 발견하는 것이다. 그때 비로소 AI와 예술은 서로를 소모하지 않고, 상호 증폭하는 방향으로 함께 성장한다.

궁극적으로 AI는 인간 안무가를 대체하는 독립적 주체가 아니며, 새로운 형태의 협업 구조를 설계하는 파트너에 가깝다. 이미 다수의 안무가들은 AI를 '조안무가(co-choreographer)'나 리허설 디렉터(Rehearsal Director)에 비유하며 그 역할을 재정의하고 있다. AI가 제안하는 후보 동작들을 안무가는 선택, 배제, 재조합하고, 그 과정에서 예술적 해석과 감정의 층위를 덧입힌다. 이렇게 구성된 협업 모델은 무용 창작 환경의 지형도를 확장시킨다. AI는 데이터를 기반으로 새로운 조합을 제안하고, 인간은 그 제안을 감각과 경험으로 해석, 재맥락화한다. 그 결과 언뜻 보면 '즉흥과 알고리즘의 충돌'처럼 보이는 지점이 실제로는 상호 보완적 작동으로 전환되며, 새로운 예술적 지평이 열리게 된다.

참고문헌

박한솔·장민호(2025). "재즈 즉흥 연주 생성을 위한 인공신경망 모델 개선 연구". 《문화산업연구》, 25(1), 189~206쪽.

연합뉴스(2020.6.17). "안무가 신창호 'AI가 무용수의 디테일마저 잡아내더군요'". https://www.yna.co.kr/view/AKR20200616134100005

Buckwalter, M.(2010). *Composing while Dancing: An Improviser's Companion.* University of Chicago Press.

Cyber Subin. https://cybersubin.media.mit.edu

Looseleaf, V.(2019). Living Archive. Fjord Review. https://fjordreview.com/blogs/all/company-wayne-mcgregor-thomas-ades

Mäkinen, M.(2023). The History and Characteristics of Contact Improvisation. Theatre Academy, University of the Arts Helsinki.
https://disco.teak.fi/tanssin-historia/en/the-history-and-characteristics-of-contact-improvisation/

05
감정을 춤추는 기계

무용은 감정을 매개하는 핵심적인 신체 언어다. 그렇다면 정서를 경험하지 못하는 AI가 과연 감정을 표현하고 전달할 수 있을까? 감성 인식 기술의 발전은 AI에게 감정을 '인식'하고, '표현'할 수 있는 능력을 부여한다. 감정을 담은 춤 동작의 구조 분석과 더불어, AI와 인간이 무대 위에서 미학적/감정적 상호작용을 펼치는 가능성을 탐색한다.

AI 콘텐츠 크리에이터?

감정을 이해하는 AI, 감성 인식의 진화

컴퓨터가 인간의 감정을 이해하는 것은 영화 〈그녀(her)〉와 같이 오랫동안 공상 과학의 영역이었으나, 이제 감성 컴퓨팅 기술을 통해 현실화되고 있다.

인간은 얼굴 표정, 음성 톤, 몸짓, 생체 신호 등 다양한 단서를 통해 감정을 표출한다. 감성 인식은 이러한 신호를 컴퓨터가 인식하고 해석하려는 시도에서 출발했으며, 1997년 MIT 대학의 로사린드 피카드(Rosalind Picard) 제안 이후 얼굴, 목소리, 텍스트, 신체 동작을 통합 분석하는 다중모달 방식으로 발전해 왔다. 핵심은 '컴퓨터가 감정을 느끼는 것이 아니라, 인간의 단서를 보고 감정을 추정한다'는 점이다. 이런 발상은 인간과 컴퓨터 소통을 더 자연스럽게 만들었다. 감정 AI(Emotion AI)는 이처럼 인간의 정서를 단서로 추정하며 인간-컴퓨터 상호작용을 더욱 자연스럽게 한다. 이 기술이 무용 예술과 결합하면서 무용계의 패러다임 변화를 촉진하고 있다.

감정 AI의 핵심은 얼굴 인식 기술이다. 미디아파이프(MediaPipe)의 '얼굴 그물망(Face Mesh)' 모델은 468개 랜드마크를 통해 대략적인 3D 얼굴 형태를 추정하는 딥러닝 솔루션이다(목진왕 · 곽노윤, 2023). 웃을 때 눈가에 생기는 주름, 화날 때 찌푸려지는 미간, 슬플 때 처지는 입꼬리까지 모든 것이 데이터가 된다. 예를 들어, 2008년 독일 베를린에서는 무작위로 선택된 시민들의 얼굴을 카메라로 촬영해서 얼굴에서 감정을 읽어내 그 날의 평균 기분에 따라 거대 스마일리 얼굴이 바뀌는 〈기분 측정기(Stimmungsgasometer)〉 예술 프로젝트를 공개했다. 도시의 집단적 감정 상태를 시각화한 것이다. 한국에서도 민찬욱 작가가 〈휴머노이드 오브젝트(Humanoid Objects)〉 작품을 통해 인터넷에서 수집한 일상 데이터를 바탕으로 AI가 감정을 분석해 자동으로 낙서를 그리는 설치 미술을 선보였다(민찬욱, 2024). 마치 AI가 사회의 감정을 대변해 그림으로 표현하는 것이다.

무용 영역에서 감정 AI의 활용은 크게 두 가지 방향으로 전개된다. 첫 번째는 관객 감정 분석 기술이다. 공연장에 설치된 카메라가 관객들의 표정을 실시간으로 분석하여, '지루함', '감동', '놀라움' 등 감정적 반응 정보를 무대 뒤 연출진에게 전달한다(황야치 · 김혜정, 2025). 이 정보를 받은 연출진은 즉석에서 조명의 색깔을 바꾸거나, 음악의 볼륨을 조절하거나, 심지어 무용수에게 다른 동작을 하라고 신호를 보낼 수도 있다. 마치 관객의 마음을 실시간으로 읽으면서 그에 맞춰 공연을 조정하는 것이다.

두 번째는 무용수 감정-동작 분석 기술이다. 오픈포즈(OpenPose) 같은 AI 모델은 무용수의 신체 움직임을 분석하여 표현하고자 하는 감정을 추정한다(Zho, 2021). AI는 팔의 각도, 신체 위치, 몸의 기울기 등 동작 특징을 종합하여 감정적 상태를 판단한다. 그렇게 되면, 공연 창작 과정에서도 큰 변화가 있을 것이다. 안무가가 새로운 작품을 만들 때, AI가 '이 동작 순서는 관객들에게 슬픔보다는 분노를 더 많이 느끼게 할 것 같다'는 식으로 감정적 효과를 예측해 줄 수 있다.

감정을 담은 동작의 특징

무용은 언어 이전에 등장한 원초적 감정 표현 수단이다. 감정을 담은 동작은 리듬, 에너지, 호흡의 질감을 통해 발현된다. 동작에서 감정이 인지되는 순간은 주로 움직임의 형태, 속도, 힘, 공간 사용이 복합적으로 변동될 때다. 연구자들은 이런 동작학적 요소를 정량적 지표로 추출하여 감정과 연결한다. 예컨대 분노는 빠르고 강하고 직선적 움직임으로, 슬픔은 느린 속도, 신체의 하강, 소극적인 공간 사용 경향과 연관된다. 기쁨은 상체가 열리고 팔이 크게 펼쳐지며 도약이나 가벼운 스텝이 자주 나타난다. 라반(Laban)의 움직임 분석 체계에서 '에포트

(Effort, 움직임의 동기나 마음가짐), 쉐이프(Shape, 움직임 형태)'의 틀로 볼 때, 무게(강/약), 시간(급/완), 공간(직/곡), 흐름(결정/유동)의 조합 변동이 감정적 인상을 변화시킨다(Gross et al., 2012).

카메라와 센서를 통한 측정을 통해, 신체 수축 지수(몸을 모으는 정도), 움직임의 양, 상승/하강 비율, 방향 전환 빈도 등 감정 기반의 동작학적 지표를 도출할 수 있다. 관객 연구에서는 이러한 지표 변화가 실제로 감정 인식과 연결된다는 결과가 여럿 보고되었다(Camurri et al., 2003a). 즉 얼굴을 가려도 몸만 보고 네 가지 기본 감정(분노, 공포, 슬픔, 기쁨 등)을 비교적 잘 알아본다는 것이다. 다만 이는 정답표가 아니라 경향이다. 같은 '빠름'이라도 음악 분위기나 이야기 맥락에 따라 긴장으로도 설렘으로도 읽힌다. 그래서 안무가는 숫자 특징을 단서로 쓰되, 음악/무대/서사를 함께 조율해 관객의 해석을 한 방향으로 모아 주는 구성이 필요하다(Camurri et al., 2003b).

무대 기술과 결합하면 감정 표현은 더 또렷해진다. 디지털 조명과 배경은 동작의 파장과 색을 시각적으로 보강해 관객의 해석을 돕는다. 예컨대 같은 '점프'도 차가운 조명과 날카로운 배경에서는 절규로, 따뜻한 조명과

넓은 배경에서는 해방감으로 읽히기 쉽다. 기술은 감정을 대신 표현하는 것이 아니라, 증폭해 주는 도구로 쓸 때 가장 효과적이다. 실제 무용 공연에서 실시간 감정 분류 결과로 무대 조명을 바꾸는 프로토타입 연구가 보고되어 있다(Ray, 2016).

이처럼 AI가 이런 감정적 동작을 학습할 때는 단순한 관절 궤적 데이터만으로는 부족하다. 동작의 질감, 속도 변화, 맥락적 요소까지 학습해야 '춤의 감정'을 어느 정도 재현할 수 있다.

AI도 공감을 표현할 수 있는가

공감은 단순한 감정 인식을 넘어선 복잡한 다층적 인지 과정이다. 이는 상대의 감정을 인지, 내면화, 그리고 행동으로 반응하는 순환 구조를 갖는다. 과연 기계도 이러한 공감을 표현할 수 있는가?

일부 연구자들은 '기계 공감(machine empathy)'이라는 개념을 제안한다. 이는 기계가 감정을 체험하는 것이 아니라, 감정적 반응을 '설득력 있게 시뮬레이션'하는 능력이다. 공연 예술 맥락에서 보면, AI가 관객의 박수 속도나 얼굴 표정 반응을 인식해 무용수의 움직임이나 무대 연출을 변주하는 순간, 관객은 일종의 '공감받는 경험'을 느낀다.

그러나 예술가와 학자들은 AI의 공감 표현에는 분명한 한계가 있음을 지적한다. 무용에서 발현되는 감동은 예측 불가능한 즉흥성, 무용수의 현존감, 비언어적 미세 신호 등 데이터로 환원하기 어려운 요소에서 비롯된다. 따라서 AI가 공감을 '표현'할 수는 있어도, 그것이 인간이 체험하는 '내적 공감'과 동일하다고 보기는 어렵다.

먼저 정리할 점이 있다. 엄밀히 말해, AI는 감정을 느끼는 주체가 아니다. 그럼에도 AI는 학습된 패턴을 기반으로 인간이 감정적으로 반응하도록 유도하는 움직임을 생성하거나 선택할 수 있다. 로봇 분야에서는 사람의 감정 신호를 읽고, 그에 맞는 몸짓, 속도, 리듬으로 반응하는 방법이 꾸준히 연구되어 왔다(Li & Zhao, 2023). 초기 연구들은 로봇이 사회적 단서(시선, 표정, 제스처)에 반응하게 만들었고, 최근에는 감정 레이블이 붙은 움직임을 학습해 "슬픔/기쁨 같은 인상"을 내는 동작을 고르고 이을 수 있게 되었다(Tuyen et al., 2020). 관객이 이런 로봇의 움직임에서 실제로 감정을 읽어내는지 확인하는 지각 실험도 활발하다(Gao et al., 2024).

무용 쪽에서는 음악 조건에 맞는 3D 춤을 만드는 모델들이 등장해, 박자와 동작의 일치를 높이고 움직임의 다양성과 타당성을 챙기려는 시도가 이어지고 있다(Li et al., 2021). 다만 종종 발 미끄러짐 같은 물리적 부자연스러움이 생기거나, 감정선이 얇게 느껴질 때가 있다. 따라서 현장에서는 인간 창작자가 편집자/연기자로서 AI의 안무 초안에 리듬, 시선, 호흡 등 맥락적 요소를 부여하여 생동감을 불어넣는 방식이 유효하다. 또한 관객 반응이나 조명 신호를 실시간 입력 변수로 활용하여 AI의 제안 방향을 조절하는 상호작용적 공연도 시도된다. 이때 관객은 '살아 움직이는 대화'를 경험한다.

그렇다면 공감은 가능한가. AI는 공감하지 못한다. 그러나 AI는 공감적 인상을 부여하는 연출은 설계할 수 있다. 예를 들어, 무용수의 호흡 지연 및 시선 머묾에 반응하여 AI가 동작의 크기와 속도를 조절하는 규칙 기반의 상호작용을 설계하면, 관객은 두 행위자 간의 상태 인식 및 배려를 지각하게 된다. 이런 규칙 기반의 배려와 관객 지각의 설계가 만나면, '공감이 있는 듯한 무대'가 성립한다. 연구자들은 이 과정을 인간과 AI 공동 창작의 시선에서 설명하며, 무대 위 현존의 느낌이 새롭게 확장된다고 말한다. 중요한 것은, AI가 감정을 대체하는 것이 아니라 증폭, 매개한다는 관점이다.

참고문헌

목진왕·곽노윤(2023). "MediaPipe Face Mesh를 이용한 얼굴 제스처 기반의 사용자 인터페이스의 성능 개선". 《사물인터넷융복합논문지》, 9(6), 125~134쪽.

민찬욱(2024). "인공지능과 키네틱 조형물을 활용한 낙서 퍼포먼스 표현 연구: 〈휴머노이드 오브젝트 #3〉을 중심으로". 《기초조형학연구》, 25(5), 235~246쪽.

황야치·김혜정(2025). "무용 현장전문가 관점에서 본 무용공연의 AI 기술 확대 가능성 탐색". 《한국무용학회지》, 25(2), 99~113쪽.

Camurri, A. et al.(2003a). Recognizing emotion from dance movement: comparison of spectator recognition and automated techniques. *International Journal of Human-Computer Studies, 59*(1-2), pp.213~225.

Camurri, A. et al.(2003b). Multimodal Analysis of Expressive Gesture in Music and Dance Performances. In Camurri, A. & Volpe, G.(eds.). *Gesture-Based Communication in Human-Computer Interaction*, pp. 20~39. Springer.

Gao, W. et al.(2024). Human Perception of the Emotional Expressions of Humanoid Robot Body Movements: Evidence from Survey and Eye-Tracking Measurements. *Biomimetics, 9*(11), 684.

Gross, M. M. et al.(2012). Effort-Shape and kinematic assessment of bodily expression of emotion during gait. *Human Movement Science, 31*(1), pp.202~221.

Li, L., & Zhao, Z.(2023). Designing Behaviors of Robots Based on the Artificial Emotion Expression Method in Human-Robot Interactions. *Machines, 11*(5), 533.

Li, R. et al.(2021). AI choreographer: Music conditioned 3D dance generation with AIST++. Proceedings of the *IEEE/CVF International Conference on Computer Vision*, pp.13381~13392.

Ray, S.(2016). Real Time Classification of Emotions to Control Stage Lighting during Dance Performance. Master's Thesis, University of Houston.

Tuyen, N. T. V. et al.(2020). Learning Bodily Expression of Emotion for Social Robots Through Human Interaction. *IEEE Transactions on Cognitive and Developmental Systems, 13*(1), pp.16~30.

Zho, Q.(2021). Application Development of Dance Pose Recognition Based on Embedded Artificial Intelligence Equipment. *Journal of Physics: Conference Series, 1757.*

06
데이터, 무용을 기록하다

무용은 공연 종료와 함께 움직임이 소멸하는 순간의 예술이다. 그러나 AI 기술은 이러한 무용 동작을 정량적 데이터로 포착하고 영구히 보존할 수 있는 새로운 패러다임을 제시한다. 무용 데이터가 구축 및 활용되는 기술적 방법론을 분석하고, 그 과정에서 발생하는 윤리적 쟁점을 비판적으로 논한다.

AI와 민주주의?

무용 동작의 데이터 수집과 기록

무용은 무용수의 신체가 곧 악기이자 언어인 예술이다. 그러나 움직임의 기록을 기억에 의존할 경우, 시간의 경과와 함께 소실될 위험을 안는다. 이에 무용계는 동작 기록 방법론을 지속적으로 모색해 왔다. 과거에는 악보처럼 유사하게 춤의 움직임을 글과 그림으로 기록하는 '무보(舞譜)'나 움직임을 시퀀스별로 기호화하는 '라바노테이션(Labanotation)' 등이 활용되었다(김기효, 2018). 그러나 이러한 기호 체계는 전문가만 읽을 수 있고, 의상과 소품의 세부 정보를 담는 데 구조적 한계가 있었다.

기술 발전은 움직임을 데이터 기반으로 기록하는 전환점을 마련했다. 무용 분야의 대표적 기술은 '모션 캡처(Motion Capture)'다. 이는 무용수의 움직임을 정량적 숫자 데이터로 변환하며, 센서 부착을 통해 시간 경과에 따른 위치 변화를 3차원 좌표로 기록한다(박원모 외, 2006). 무용수가 반사 '마커(Marker)'를 붙인 전문 수트를 입으면, 주변에 설치된 여러 대의 카메라가 적외선을 쏜다. 마커에서 반사된 적외선을 분석해 3D 위치를 정밀하게 측정하는 방식이다. 활용도가 높지만 실제 현장에서는 아래와 같은 한계도 드러난다.

장소정과 박아름(2023)은 창작 발레 〈청춘〉(2023) 작품 속 장면으로 모션 캡처 영상을 적용하였다. 하지만 촬영 과정에서 토슈즈가 발목이 꺾인 형태로 수차례 인식 오류되어 결국 토슈즈 착용을 포기하고 진행했다고 한다. 김기효(2018)는 2016 국립무형유산영상축제(IIFF)에서 이매방 보유자가 생전에 기록한 승무 모션 캡처 데이터를 홀로그램으로 재현한 영상을 사례로 들었다. 하지만 승무 의상과 장삼 끝자락의 움직임 구현이 실제와 다르며 생전 모습과 체구도 다름을 지적했다. 그래서 박원모 외(2006)는 모션 캡처를 이용한 전통 무용 기록 시 보유자의 전신 삼차원 스캔을 병행하여 골격 구조를 추출함으로써 정확성을 높였다는 사례를 제시했다.

최근에는 센서 없이 무용수의 실시간 동작을 3D 데이터로 구축하고, 새로운 안무를 생성형 모델로 제안받는 것이 가능해졌다. 딥러닝 AI 기술이 핵심 기제다. 구체적으로는 데이터 패턴 분석 및 특징 추출에 사용되는 CNN(Convolution Neural Network, 합성곱 신경망)과 시퀀스 예측에 특화된 RNN(Recurrent Neural Network, 순환 신경망), 그리고 글, 이미지, 음악 등 창작물을 생성하는 GAN(Generative Adversarial Networks, 생성적 적대 신경망) 등의 인공 신경망 모델이 활용된다(신경아, 2024). 즉, CNN을 통해 특정 안무를 영상에서 추출해 데이터세트로 구축한 뒤, RNN이 다음 동작 패턴을 예측하고 GAN을 통해 새로운 안무를 생성하는 방식이다.

그렇다면 무용 데이터 수집 및 기록의 핵심 가치는 무엇인가? 첫째, 영구적 보존이다. 오래된 전통춤이나 특정 무용가의 독창적 안무는 시간 경과에 따라 소실될 수 있으나, 동작을 데이터로 정량 기록하면 미래 세대에 정확한 재현 및 학술적 연구 기반을 제공한다. 둘째, 교육과 훈련의 객관화와 효율화다. AI는 무용 동작을 분석하여 '팔의 각도 상향' 또는 '발의 방향 조정'과 같은 정량적 피드백을 제공하며, 이는 개인 맞춤형 튜터링 시스템 구축에 기여한다. 교육 현장에서는 '키넥트'[Kinect, 적외선을 쏘아 무용수의 움직임을 3차원으로 스캔(고상아, 2015)], '라이다'(LiDAR, Light Detection and Ranging, 레이저 빔을 360도로 발사해 주변 환경을 정확하고 빠르게 3차원으로 감지) 같은 센서(동아일보, 2025)를 이용해 학생들의 움직임 데이터를 실시간으로 수집하여 학습 피드백에 활용하고 있다. 셋째, 창작과 안무 확장이다. 방대한 동작 데이터가 축적되면, AI가 새로운 움직임을 조합하여 창의적 안무 아이디어를 제안할 수 있다. 실제로 해외의 저명한 안무가들은 AI가 제시한 동작 시퀀스를 창작의 보조 도구로 활용하여 새로운 무대를 구현하고 있다.

무용 동작의 데이터 수집과 기록은 단순히 움직임을 복사하는 데 그치지 않는다. 무용을 더 오래 보존하고, 배우기 쉽게 만들며, 새로운 창작의 도구로 확장시키는 길을 열어준다. 이렇게 무용 기록 방식은 '문자에서 데이터로' 확장되며 춤의 생애를 길게 이어간다.

데이터로 남긴 춤의 보존

춤은 종료와 함께 소멸하는 비물질적 예술이다. 이에 과거부터 무보와 같은 기호나 영상 기록이 활용되었으나, 영상은 시각적 정보 전달에 그치며, 기호는 전문의 해석을 요구하는 접근성의 한계를 가진다. 데이터 기반의 보존은 한 단계 더 나아가, 무용수 팔의 각도, 속도, 신체 궤적 등 핵심 요소를 정량적 숫자 및 좌표로 기억하여 재학습 및 무대 재현의 가능성을 제공한다.

이러한 생각을 실제로 보여 주는 사례가 MIT 미디어 랩(MIT Media Lab)의 '오픈 댄스 랩(Open Dance Lab)'이다. 공식 사이트에 의하면, 이 프로젝트는 태국 전통 춤의 주요 동작 시리즈인 '메-봇-야이(Mae Bot Yai)'를 바탕으로, 기본 59개 포즈를 모션 캡처로 기록해 3D 모델과 전문가 주석과 함께 웹에서 돌려 보고 배울 수 있게 만들었다. 또한 안무가 피쳇 클룬춘(Pichet Klunchun)이 정리한 6가지 안무 원리를 넣고, 전통 원리에 따라 새 동작 시퀀스를 만들어 주는 AI 기능까지 더해 보존과 혁신을 한 자리에 묶었다. 즉, 단순한 자료 창고가 아니라 직접 보고 실험하는 온라인 실험실을 지향했다.

오픈 댄스 랩이 강조하는 생각은 간단하다. 문화유산은 살아 있는 지식이므로 "그대로 얼려 두는 보존(정적 보존)"만으로는 충분하지 않다. 보고 → 실험하고 → 새로 만들기가 이어져야 다음 세대가 진짜로 자기 것으로 만들 수 있다는 생각이다. 이런 관점에서 이 플랫폼은 누구나 접속해 원리를 탐구하고, 스스로 변주해 볼 수 있게 설계되었다. 보존이 곧 배움과 창작으로 이어지는 다리가 되는 셈이다(Pataranutaporn et al., 2024).

이 연구의 최종 성과는 창작 댄스 작품 〈사이버 수빈(Cyber Subin)〉으로 표출되었다. 2024년 3월 대만 국립극장에서 초연되었다. 이 공연은 인간 무용수와 AI 가상 파트너가 함께 춤추는 '휴먼-AI 공동 창작 춤' 개념을 선보였다. 전통춤의 원리를 컴퓨터 규칙으로 바꿔, 가상 무용수가 무용수의 움직임과 원리에 맞춰 실시간으로 키프레임과 관절 동작을 조절하며 반응한다. 이때 무용수, 안무가, 관객은 음성 명령이나 슬라이더 인터페이스를 통해 변수를 실시간으로 조절하여 가상 무용수의 움직임을 즉각적으로 변화시킬 수 있다. 이는 공연이 살아 있는 대화처럼 유기적으로 전개되도록 한다. 전통 지혜를 잃지 않으면서도 새로운 몸선과 리듬이 탄생하는 순간이다(Cyber Subin 공식 홈페이지).

'오픈 댄스 랩'이 제시하는 데이터 보존의 가치는 다음과 같이 명료하다. 첫째, 높은 재현 정확도다. 영상으로는 포착하기 어려운 각도, 속도, 전환 타이밍 등의 요소를 정량화하여, 대략적 재현을 넘어 '0.8초, 팔 15도'와 같은 구체적 지표로 재학습할 수 있다. 둘째, 누구나 공평하게 배울 수 있다. 인터넷에 접속만 하면 3D로 돌려 보고, 주석을 읽고, 원리를 직접 만져 보며 따라할 수 있다. 지식의 문턱이 낮아진다. 셋째, 새로운 창작의 씨앗이 된다. 데이터는 답안지가 아니라 재료다. 전통의 규칙을 바꾸어 적용하면, 사람과 AI가 함께 '지금 여기의 춤'을 만들어 낼 수 있다. 보존이 멈춤이 아니라 진화의 출발점이 된다.

물론 데이터만으로는 춤의 모든 것을 다 담을 수 없다. 즉흥의 숨결, 무대의 공기, 관객과의 교감 같은 것은 숫자만으로 표현하기 어렵다. 그래서 '오픈 댄스 랩' 프로젝트는 데이터 + 사람을 함께 둔다. 데이터로 뼈대를 세우고, 사람의 감각으로 살을 붙여 과거와 미래, 인간과 기계를 잇는 합주를 만든다. 한마디로 말해, 데이터로 남긴 춤의 보존은 춤을 박제하는 일이 아니다. 다시 꺼내 배우고, 함께 나누고, 새롭게 자라게 하는 방법이다. 그래서 데이터 보존은 과거를 지키는 기술이면서, 동시에 미래의 무대를 여는 열쇠다.

예술 데이터를 다룰 때 놓치지 말아야 할 것

무용 데이터를 다루는 과정에서 가장 민감한 주제는 윤리적 쟁점이다. 움직임 데이터는 무용수의 신체 정보이므로 초상권, 저작권, 개인 프라이버시와 직접적으로 연관된다. 특히 AI 학습을 위해 데이터가 수집되는 순간, 무용수의 신체가 수단화되면서 '몸 소외'가 발생할 수 있다는 지적이 제기된다.

실제로 현장에서는 무용수들이 감정 표현이나 고유한 개성보다는 데이터 수집의 정확성을 위해 표준화된 동작 수행을 요구받는다. 이는 창의성과 개성을 억압하고, 기계 학습에 최적화된 표준 동작만을 수행해야 하는 신체적/예술적 소외 현상으로 이어진다. 이러한 과정을 겪은 무용수들이 자신을 '기술을 보여주는 전달 도구로 전락했다'고 느끼기 마련이다.

데이터화 과정에서 알고리즘이 동작을 단순히 점과 선으로만 단순화할 경우, 감정 표현, 시선 처리, 호흡과 같은 비정량적인 맥락 정보가 유실되어 춤이 지닌 미묘한 미학적 결이 훼손될 위험이 있다. 기술적 정밀성만을 추구하는 과정에서 예술적 진정성이 희생될 수 있다는 점을 경계해야 한다. 따라서 데이터화는 수치의 정밀성만이 아니라 예술적 진정성과 인간의 존엄을 함께 보존하기 위해 노력해야 한다.

더욱 우려되는 지점은 자본과 권력의 개입이다. 이미 시각 예술 분야에서 저작물 무단 학습에 대한 집단 소송이 제기된 사례가 존재한다(매드타임즈, 2024). 무용 분야 역시 '안무 및 춤 데이터의 무단 유출 가능성'이 존재하며(박유나, 2024), 권력 관계상 취약한 위치에 있는 무용수들이 경제적/예술적 착취에 노출될 위험이 높다.

결국, 무용 데이터를 다룬다는 것은 춤의 과거를 기록하고 미래를 설계하는 일이다. 기술의 진화는 춤추는 생명체와 같아서, 때로는 어색하고 부자연스러워 보이다가도 어느 순간 놀라운 우아함과 창의성을 발휘하는 존재로 성장해 간다. 하지만 기술의 효율이 아무리 높아도, 그 기록이 인간의 몸과 예술의 의미를 비워 버린다면 보존의 이유는 약해진다. 2023년 12월, 방송통신위원회와 한국지능정보사회진흥원(NIA)은 "생성형 AI 윤리 가이드북"을 발간하며 윤리적 활용의 기반을 마련했다. 예술가 권리 보장 및 현장 중심의 윤리 실천을 통해, 데이터가 춤을 대체하지 않으면서도 춤의 지속 가능성과 접근성 확장을 가능케 하는 방안을 모색해야 한다.

참고문헌

고상아(2015). "가상환경기반의 발레교육을 위한 발레기본자세 분석에 관한 연구". 한국과학기술원(KAIST) 석사학위논문.

김기효(2018). "무형문화재 중 무용종목의 기록을 위한 방법론 개발". 《예술인문사회융합멀티미디어논문지》, 8(4), 615~625쪽.

동아일보(2025.4.25). "'바보나 쓴다'던 라이다의 반전… 싼데 왜 안 써?". https://www.donga.com/news/Economy/article/all/20250425/131496320/1

매드타임즈(2024.1.7). "AI훈련에 사용된 아티스트 데이터베이스 유출… AI콘텐츠의 저작권 문제가 본격화될 듯". https://www.madtimes.co.kr/news/articleView.html?idxno=19523

박원모 외(2006). "모션캡쳐를 이용한 무형문화재의 기록작성: 국가지정 중요무형문화재 승무·살풀이·태평무를 중심으로". 《헤리티지:역사와과학》, 39, 351~378쪽.

박유나(2024). "인공지능(AI)과 함께하는 무용 예술작업에서 현장 작업자들이 마주할 수 있는 윤리적 상황에 관한 탐구: 무용가의 몸 소외 현상을 중심으로". 《무용역사기록학》, 74, 3~26쪽.

신경아(2024). "무용예술에서 생성형 인공지능의 역할과 가능성:

CNN, RNN 및 GAN 기술의 적용". 《한국예술연구》, 45, 5~26쪽.
장소정·박아름(2023). "모션캡처 활용을 통한 창작발레 〈청춘〉 창작과정연구". 《문화기술의 융합》, 9(5), 809~814쪽.
Cyber Subin. https://cybersubin.media.mit.edu
MIT Media Lab. Open Dance Lab: Digital Platform for Examining, Experimenting, and Evolving Intangible Cultural Data. https://www.media.mit.edu/projects/open-dance-lab/overview/
Pataranutaporn, P. et al.(2024). Human-AI Co-Dancing: Evolving Cultural Heritage through Collaborative Choreography with Generative Virtual Characters. *Proceedings of the 9th International Conference on Movement and Computing (MOCO '24)*, 14, pp.1~10.

07
AI는 예술가가 될 수 있는가

AI가 만든 안무를 '예술'이라 부를 수 있을까? 창작은 인간의 고유 영역이라 여겨졌지만, 이제 AI도 창작의 주체로 논의되고 있다. AI 안무의 창의성과 독창성 그리고 저작권과 책임 문제 등 새로운 질문들을 함께 살펴본다.

AI와 애니메이션?

안무를 만드는 AI는 예술가인가

AI가 안무를 '생성'한다는 말은 과장이 아닌, 이미 무대 예술 및 연구 현장에서 실증적으로 관찰되는 현상이다. 미국의 권위 있는 컴퓨터 그래픽스 학술대회인 시그라프(SIGGRAPH, Special Interest Group on Computer Graphics and Interactive Techniques) 2021에서 발표된 '코레오마스터(ChoreoMaster)'는 음악 신호만을 입력으로 하여 스타일, 리듬, 프레이즈 구조를 종합적으로 고려해, 고품질 댄스 모션 시퀀스를 자동 합성하는 음악 기반 댄스 생성 시스템이다(Chen, 2021). 일본 국립산업기술종합연구소(AIST)의 확장형 댄스 데이터세트 '아이스트++(AIST++)'를 활용하는 '팩트(FACT, Flexible and Consistent Text-to-Motion Generatio)' 모델 또한, 음악과 춤 데이터를 동시 학습하여 음악적 맥락과 시공간적 일관성을 지닌 3D 댄스 동작을 생성하는 딥러닝 모델이다(Li et al., 2021). 기술적 관점에서 AI는 이미 '안무를 설계할 수 있는' 계산 장치로 기능하고 있는 것으로 평가된다. 그러나 이러한 기술적 성취가 AI를 예술가로 인정해야 함을 의미할까?

예술가는 단순히 산출물을 생산하는 존재가 아니라 의도, 해석 그리고 결과에 대한 윤리적 책임을 함께 지는 행위 주체다. 또한 창작 행위의 미학적 맥락을 설계하고, 작품의 의미를 수용자와의 관계 속에서 조율하는 주체이기도 하다. 이 기준을 적용할 때, 감정이나 의도를 스스로 경험하지 못하는 AI가 생성한 안무를 "예술 행위의 주체"로 인정할 수 있는지에 대한 근본적인 의문이 제기된다.

현장의 사례를 보면, 오늘날 무용에서 AI는 대부분 '안무가의 조수' 혹은 '즉흥 파트너'에 가까운 위치를 점한다. 프랑스 현대 무용 그룹 에이파이이(AΦE)의 작품 〈릴리트.이온(Lilith.Aeon)〉(2024)은 AI 무용수 릴리트(Lilith)를 공식 캐릭터로 설정했다. 이 작품은 관객의 움직임과 반응 데이터를 입력받아 AI 무용수가 장면 전개와 안무 지시를 실시간으로 바꾸는 구조를 실험했다. 그러나 이 경우에도 최종적인 미학적 방향 설정, 의미 구성, 공연 전체에 대한 책임은 인간 연출과 안무가에게 귀속된다. AI는 어디까지나 흐름을 제안하고 변주를 촉발하는 '생성 파트너'이자 보조적 도구로 위상이 설정된다.

국내 연구 동향 역시 이와 맥을 같이 한다. 생성형 AI의 구조와 사례를 분석한 연구(신경아, 2024)는 AI가 무용에서 새로운 동작 및 시퀀스를 탐색하고 제안하는 데 매우 유효한 보조 수단임을 인정하면서도, 최종 의미 부여와 콘셉트 결정은 안무가의 고유한 역할이라고 결론짓는다. 실제 한국 안무가들을 대상으로 한 인식 조사(임준희, 2024)에서도, AI는 반복 작업과 아이디어 탐색을 지원하는 유용한 툴로 평가되는 한편, 예술적 창의성의 핵심은 인간에게 있다는 응답이 우세하게 나타났다.

공연학의 관점에서는 인간과 AI 공동 창작이 새로운 형태의 '현존'과 '디지털 아우라'를 발생시킨다고 분석한다(김영윤 · 조준희, 2024). 즉 AI는 무대 위에서 인간을 대체하는 주체가 아닌, 낯선 알고리즘적 타자로서 인간 신체의 현존감을 역설적으로 증폭시키는 동반자에 가깝다. 이때 관객은 '인간 신체와 AI 시스템 간의 상호 참조 및 조율 과정'을 감지하며, 이 과정에서 인간 창작자의 해석과 책임은 더욱 명료하게 부각된다.

법제도적 시각은 이 문제의 본질을 더욱 선명하게 조명한다. 2025년 3월 18일, 미국 연방순회항소법원은 탈러 대 펄머터(Thaler v. Perlmutter) 판결을 통해, 전적으로 AI가 생성한 결과물에는 저작권을 인정할 수 없다는 입장을 재확인했다(Dunning et al., 2025). 이는 '인간'의 창작물이 저작권법 체계의 근간임을 명백히 한 것이다. 미국 저작권청(USCO) 역시 2023년 정책 성명에서 AI 산출물을 포함한 작품을 등록하려면 인간이 기여한 창작

부분을 분리, 명시해야 하며 AI가 자동 생성한 영역은 저작권 대상이 될 수 없다고 안내하고 있다.

궁극적으로 현재 무대 예술 영역에서 AI는 예술가를 대체하는 독립적 주체가 아닌, 알고리즘적 협업자이자 생성 엔진으로 기능한다. AI가 생성한 안무 파편은 일종의 초안이며, 그 초안을 선택, 배치, 수정하며 작품으로 구축하고, 그 결과에 대한 미학적 해석과 책임을 전담하는 존재가 곧 인간 예술가다.

AI 안무의 창의성과 독창성

AI가 생성한 안무의 창의성과 독창성을 평가하는 것은 복잡하고 미묘한 쟁점이다. 이는 곧 '창의성이 무엇인가'라는 근본적인 정의부터 재검토하게 만드는 복합적인 사안이다. 만약 창의성을 기존 지식과 경험으로부터 새로운 조합과 구조를 도출하는 능력으로 정의한다면, 대규모 데이터 기반의 패턴 학습과 조합을 수행하는 AI 역시 일정 수준의 창의성을 보유한다고 주장할 여지는 존재한다.

AI가 창의적 산출을 도출하는 메커니즘의 핵심은 학습 알고리즘과 빅데이터의 통합에 있다(Goodfellow et al., 2016). 딥러닝 기반 모델은 대규모 예술 작품, 음악,

영상 데이터를 학습하며, 작품의 패턴, 스타일, 구조적 특징, 장르별 문법을 통계적 특징 공간으로 내재화한다(Briot et al., 2020).

학습이 완료된 후 AI는 단순히 특정 작품 모방 수준을 넘어, 훈련 데이터에서 추출한 특징들을 새로운 방식으로 조합, 이전에 부재했던 이미지, 음악, 움직임 시퀀스를 생성한다(Elgammal et al., 2017). 마치 수많은 레시피를 섭렵한 요리사가 전혀 새로운 퓨전 요리를 창조하는 것과 같다. 이 과정은 인간 예술가가 체화된 기억과 감정의 층위를 기반으로 창작물을 도출하는 과정과 구조적 유사성을 지닌다는 점에서 비교 가능하다(Hertzmann, 2018).

무용 분야에서도 AI는 다종다양한 춤 데이터를 학습하여, 인간 안무가가 직관적으로 떠올리기 어려운 동작 조합과 안무 구성을 제안한다. 이 결과물은 때로 기존 장르 문법을 비틀거나, 신체 사용 방식에 대한 새로운 상상력을 촉발하는 '낯선 동작 언어'로 나타나기도 한다.

특히 주목해야 할 지점은 AI의 예술 장르 간 경계를 초월하는 능력이다. 음악, 영상, 텍스트, 모션 데이터를 동시에 처리하는 멀티모달 모델은 전통적 장르 구분을 넘어 새로운 혼종적 표현 형식을 도출한다. 이런 특성은 무용에서도 확인된다. 전통 무용 어휘와 현대 무용의 어법,

심지어 비무용적 움직임을 함께 학습한 AI가, 기존 문법으로는 쉽게 설명하기 어려운 새로운 움직임 어휘를 제시하는 경우가 그렇다. 스위스 현대 무용 거장 니콜 자일러(Nichole Seiler)가 2024년 베니스 비엔날레 무용(Biennale Danza)에서 선보인 〈휴먼인더루프(Human in the Loop)〉는 이러한 AI와 인간 협업의 미학을 잘 드러내는 사례다. 블루투스 이어폰을 착용한 남녀 무용수에게 AI가 실시간으로 새로운 움직임 지시를 보내고, 무용수는 이를 즉흥적으로 수행하거나 변형한다. 매 공연마다 다른 안무가 생성되는 이 구조에서 '기계의 지시'와 '인간의 선택' 사이의 긴장이 작품의 핵심 미학적 장치다(Biennale Danza, 2024).

영국 로얄 발레단(Royal Ballet) 상주 안무가 웨인 맥그리거(Wayne McGregor)의 2024년 작품 〈하르나시에를 위한 몸(A Body for Harnasie)〉은 한 걸음 더 나아가, 안무를 '조각적 구조'로 확장한다. 런던 필하모닉 오케스트라 상공에 매달린 움직이는 조각, 영상 설치물이 사전 촬영된 무용수의 움직임과 산악의 풍경 그리고 무용수 모션 데이터에 기반한 AI 생성 이미지를 결합해, '신체'와 '풍경' 사이를 오가며 새로운 움직임과 이미지를 생성한다(Financial Times, 2024). 안무가는 오케스트라의

소리, 인간 무용수, AI 시스템이 서로 얽히며 새로운 형태의 '조각적 춤(Sculptural Dance)'을 구성하도록 설계했다.

그러나 이러한 성취에도 불구하고 AI의 창의성에는 근본적인 한계가 존재한다. 오늘날 많은 연구자들이 지적하듯, AI의 창작은 결국 과거 데이터의 재조합과 변형에 기반한다. 진정한 의미의 독창성을 '전혀 새로운 개념이나 관점의 창출'로 이해한다면, AI가 이에 도달했는지 여부는 여전히 논쟁적이다.

AI 창작은 인간 창작과 출발 지점이 다르다. AI는 개인적 경험, 신체 기억, 삶의 서사를 갖지 않은 채, 학습된 통계적 패턴을 기반으로 출력을 생성한다. 반면 인간 예술가는 구체적인 삶의 맥락과 역사성, 감정적 상처와 기쁨의 층위를 끌어와 작품을 구성한다. 무용에서 핵심적인 요소인 감정 표현과 인간적 경험의 구현은, 현 단계의 AI에게 매우 취약한 영역이다. AI가 생성한 안무가 기술적으로 정합적이고 구조적으로 흥미로울 수는 있지만, 그 안에 담긴 이야기나 감정의 진정성, 윤리적 자기반성의 층위는 언제든 의문에 부딪친다.

이러한 배경에서 '계산적 창의성(computational creativity)'이라는 개념이 등장한다(이재박 · 안성아, 2020).

이는 인간의 창의성과 AI의 창의성이 동일 범주가 아닌, 서로 다른 층위에서 작동하는 창의성을 지칭함을 의미한다. AI는 패턴 인식과 조합, 즉 '가능한 요소들 간의 새로운 연결'에 탁월한 능력을 보인다. 반면에 인간은 감정적 깊이, 경험에 기반한 통찰, 윤리적/사회적 책임과 같은 차원에서 여전히 고유한 창의성을 발휘한다. 두 유형의 창의성은 우열 관계로 파악되기보다 서로 다른 기능적 스펙트럼에 존재한다고 보는 것이 더 타당하다.

저작권, 소유권, 공공성의 문제

AI가 생성한 안무의 저작권(Copyright), 소유권(Ownership), 공공성(Publicity) 문제는 현재 예술, 법률, 윤리 논의의 중심 쟁점으로 부상하고 있다. 현행 대한민국 저작권법 제2조(정의)에 의거, '저작물'은 인간의 사상 또는 감정을 표현한 창작물로, '저작자'는 그 저작물을 창작한 자로 정의된다. 이 정의에 기초할 때, AI가 단독으로 생성한 안무는 법체계상 저작권 보호 대상에서 제외된다.

미국 저작권청(USCO) 역시 'AI가 전적으로 생성한 콘텐츠는 저작권 보호 대상이 될 수 없으며, 인간 창작자의 실질적 기여가 있는 부분만이 저작물로 인정된다'는 입장을 명확히 견지하고 있다(애플경제, 2025). 2023년 '새벽의 자리야(Zarya of th Dawn)' 사건에서, 미국 저작권청은 기존에 부여되었던 저작권 등록을 일부 취소하고, AI가 생성한 이미지 부분은 저작권 보호 대상에서 제외했다. 대신 인간 작가가 직접 작성한 텍스트 부분만 '어문 저작물'로 인정하고, 작가가 AI 생성 이미지들을 선택, 배열, 구성한 편집 행위에 대해서는 '편집 저작물'로서의 저작권을 인정했다. 2023년 12월, 국내 생성형 AI 영화 〈AI 수로부인〉도 '편집 저작물' 형태로 부분적 저작권이 인정되었다. 이 역시 AI가 생성한 산출물 그 자체가 아닌, 인간이 해당 산출물을 선택, 배열, 구성한 '편집적 창작 행위'에 한해서만 보호가 인정된 사례다(한국저작권위원회, 2024).

무용 영역에서는 상황이 한층 더 복합적이다. AI를 활용하여 안무를 창작했을 때, 저작권은 누구에게 귀속되는가? AI 시스템을 개발한 개발사인가, 해당 AI를 운영하여 안무를 구성한 안무가인가, 아니면 AI가 학습한 원본 무용 데이터의 권리자들인가? 현재는 AI를 단순 도구로 활용한 인간 안무가에게 저작권을 인정하는 것이 일반적 관행이지만, '인간의 창작적 개입이 어느 정도여야 하는가'에 대한 정량적 판단 기준은 여전히 모호성을 띤다.

또 다른 쟁점은 학습 데이터의 권리 문제다. AI가 학습한 데이터에는 수많은 무용수의 움직임, 안무가의 동작 구성, 전통 춤 양식 등이 포함된다. 이들의 권리는 어떻게 보호할 것인가? 전통 무용이나 특정 문화권의 춤을 AI가 학습하여 새로운 안무를 생성했을 때, 문화적 소유권, 문화 도용 문제는 어떤 기준으로 다뤄져야 하는가? 특히 무형 문화유산에 가까운 춤 양식의 경우, 단순한 저작권을 넘어 공동체의 문화권과 직결되는 민감한 영역이다.

공공성의 관점에서도 중요한 질문이 제기된다. AI가 단독으로 생성한 산출물에 저작권이 인정되지 않는다면, 이는 곧 해당 결과물이 공공 영역(Public Domain)에 편입된다는 것을 함의한다. 그렇다면 타인이 공유된 AI 생성 콘텐츠를 자유롭게 재사용하는 것이 가능한가? 현행 법제만 놓고 보면, AI가 독자적으로 생성한 부분은 저작권 보호 대상이 아니므로, 이를 재사용하는 행위는 저작권 침해로 보기 어렵다. 이는 한편으로 예술 생산의 진입 장벽을 낮추고, 창작 자원의 광범위한 공유를 통해 '예술의 민주화'를 촉진할 잠재력을 갖는다. 동시에, AI 도구를 활용하여 안무를 구성한 창작자가 법적 보호를 받지 못하는 상황은 공정성 측면에서 반론을 제기한다.

일부 국가에서는 다른 접근을 시도하고 있다. 대다수 국가가 AI 산출물의 저작권 인정을 불허하는 반면, 2023년 중국 베이징 인터넷 법원(BIC)은 AI가 생성한 이미지에 대해 저작권 보호를 인정하는 판결을 내렸다(Morgan Lewis, 2024). 이는 AI 프롬프트 작성 및 매개 변수 조정 등 인간의 창작적 개입이 이루어진 지점까지 저작권으로 보호할 수 있다는 새로운 법적 해석을 제시한다. '인간 창작물 중심주의'가 반드시 유일한 길이 아님을 시사하고 있다. 국가별로 법적 해석과 정책 방향이 상이하게 전개되고 있는 것이다.

향후 저작권 체계는 AI 시대의 창작 현실을 반영하여 재정비될 필요가 있다. 인간의 창의적 기여도에 따른 차등적 보호, AI 학습 데이터 단계에서의 원저작자 권리 인정, 전통/지역 문화 표현에 대한 문화권 보호, 그리고 공공성 및 접근성과 창작자 보호 간의 균형점이 종합적으로 고려되어야 할 핵심 요소다. 무용 분야 역시 예외가 아니다. AI가 안무 생성, 훈련, 즉흥 구조 설계에 본격적으로 관여하는 상황에서, 새로운 권리 보호 체계와 윤리적 가이드라인을 수립하는 것은 더 이상 지연할 수 없는 시급한 과제로 대두된다. 기술, 법, 미학이 교차하는 이 지점에서 무용계는 'AI 시대의 창작과 권리'에 대한 자신만의 기준과 원칙을 적극적으로 만들어가야 할 것이다.

참고문헌

김영윤·조준희(2024). "기술생성시대 AI 예술의 미학적 가능성". 《인문콘텐츠》, 74, 35~64쪽.

신경아(2024). "무용예술에서 생성형 인공지능의 역할과 가능성: CNN, RNN 및 GAN 기술의 적용". 《한국예술연구》, 45, 5~26쪽.

애플경제(2025.2.4). "미국, 'AI 창작물, 인간의 개입 있어야 저작권 인정'". https://www.apple-economy.com/news/articleView.html?idxno=75342

이재박·안성아(2020). "자동창작시대의 예술 작품: 인공지능은 예술 창작의 주체가 될 수 있는가?". 《인공지능인문학연구》, 5, 27~54쪽.

임준희(2024). "LLM을 활용한 생성형 AI에 대한 안무가 인식조사". 《대한무용학회논문집》, 82(4), 237~257쪽.

한국저작권위원회(2024.1.11). "'국내 생성 AI 영화 저작권 첫 인정 세계 2번째 사례' 일부 보도 사실관계 설명". https://www.copyright.or.kr/notify/press-release/view.do?brdctsno=52575

Biennale Danza(2024). Introduction by Wayne McGregor. https://www.labiennale.org/en/dance/2024/introduction-wayne-mcgregor

Briot, J. P. et al.(2020). *Deep Learning Techniques for Music Generation*. Springer.

Chen, K. et al.(2021). ChoreoMaster: choreography-oriented music-driven dance synthesis. ACM Trans. Graph. 40, 4,

Article 145(August 2021), p.13.

Dunning, A. et al.(2025.3.26). Thaler v. Perlmutter Further Confirms Human Authorship Required. Cleary Gottlieb. https://www.clearyiptechinsights.com/2025/03/thaler-v-perlmutter-further-confirms-human-authorship-required-for-copyright-protection

Elgammal, A. et al.(2017). CAN: Creative Adversarial Networks, Generating 'Art' by Learning About Styles and Deviating from Style Norms. *Proceedings of the 8th International Conference on Computational Creativity.*

Financial Times(2024). Choreographer Wayne McGregor unites dance, art and AI in his new spectacle. https://www.ft.com/content/30ced678-dfb5-456e-99bd-19b9f065f4c6

Goodfellow, I. et al.(2016). *Deep Learning.* MIT Press.

Hertzmann, A.(2018). Can Computers Create Art?. *Arts, 7*(2), 18.

Li, R. et al.(2021). AI choreographer: Music conditioned 3D dance generation with AIST++. Proceedings of the *IEEE/CVF International Conference on Computer Vision*, pp.13381~13392.

Morgan Lewis(2024.1.5). Beijing Court Approves Copyright Protection for AI-Generated Images. https://www.morganlewis.com/blogs/sourcingatmorganlewis/2024/01/beijing-court-approves-copyright-protection-for-ai-generated-images

08
전통 무용과 AI의 만남

전통 무용은 세대를 넘어 전승된 '몸의 아카이브'이자 문화적 유산이다. 이러한 인류의 몸짓 유산이 현대 인공지능과 만날 때, 어떤 변혁이 일어날까? AI 기술은 소실 위기의 춤사위를 정밀하게 기록하여 디지털 공간에 영구 보존한다. 또한 전통의 본질을 훼손하지 않으면서도 알고리즘적 변주를 통해 새로운 창작의 지평을 확장한다.

AI와 인재 채용?

전통 무용의 디지털 재해석

전통 무용은 오랫동안 무대에서의 '직접적 체화'를 통해 전승되어 왔으나, AI와 디지털 기술의 도입은 전통 무용의 재해석 및 보존 패러다임을 근본적으로 전환시키고 있다. '재해석'은 원형의 미학적 원리를 유지하되, 현대 기술 및 감각을 결합하여 새로운 형태로 구현 및 소통하는 행위를 의미한다. 이러한 재해석은 전통 무용의 정량적 데이터화를 통해서 체계적이고 창의적인 확장이 가능해진다.

전통 무용의 '데이터화'는 무용수의 움직임을 컴퓨터 처리가 가능한 정량적 스켈레톤(Skeleton) 데이터 및 궤적 데이터로 변환하는 과정이다. 이 디지털 정보는 영구적 기록, 심층 분석, 그리고 새로운 창작의 원재료로 활용될 수 있다.

전통 무용의 데이터화에 관한 글로벌 연구 및 활용 사례가 빠르게 증가하고 있다. 미국 MIT Media Lab(매사추세츠 공과대학교 미디어 연구소)는 태국 전통춤 '매 봇 야이(Mae Bot Yai)' 59가지 기본 자세를 센서로 기록하여 AI에 학습시키고, 이를 웹 플랫폼으로 공개하여 전통 학습과 새로운 창작을 위한 열린 데이터베이스를 구축했다(Archiwaranguprok, 2025). 뉴질랜드는 마오리 환영 의례 포휘리(pōwhiri)를 VR 학습 도구로 구현하여 전통의 원리를 보존하면서 몰입적인 학습 경험을 제공했다(Laurie Lloyd-Jones, 2023). 하버드대학교 중국 예술 미디어 랩(Chinese Arts Media Lab, CAMLab)의 '동굴 춤(Cave Dance)' 프로젝트는 중국 둔황 석굴 벽화의 춤 장면을 데이터로 분석하여 멀티미디어 설치 작품으로 재해석했다(Wang et al., 2024). 이러한 사례들은 전통 무용이 모션 데이터, 가상공간, 설치 예술을 활용하여 미래 세대와 소통하는 열린 예술로 확장될 수 있음을 실증적으로 보여 준다.

전통 무용 데이터화는 문화유산 보존 및 활용에서 다음과 같은 핵심적인 가치를 제공한다.

첫째, 영구적 보전 및 복원이다. 소실 위험이 있는 무용 동작을 3D 뼈대 데이터와 정량 지표로 정확히 저장하여, 텍스트나 영상 기록보다 높은 재현성을 확보하고 다양한 디지털 플랫폼에서의 호환성을 높인다.

둘째, 전통 무용 교육의 객관화 및 접근성 향상이다. 원격/혼합형 학습 및 VR/AR 기반 실감형 훈련을 가능하게 한다. 자동 피드백, 평가 루브릭(Rubric) 적용 등을 통해 교수-학습 과정의 객관성과 효율성을 증대시킨다.

셋째, 전통 무용에 관한 과학적 연구 및 미학 분석이

가능해진다. 무용 움직임의 속도, 가속도, 관절각, 시퀀스 유사도 등 정량 지표를 활용한 운동학 및 역학 분석, 그리고 집단 간 통계적 비교를 통해 전통 무용의 원리를 과학적으로 규명하는 기반이 된다.

넷째, 창의적 확장이다. 새로운 창작의 재료가 된다. 생성형 AI 모델과 스타일 전이 기법을 활용하여 전통 미학을 보존하면서도 현대적인 감각으로 재구성하는 공동 창작(co-creation)을 촉진한다.

기술은 전통 문화유산을 보존하는 가장 강력한 수단 중 하나다. 전통 무용을 디지털로 재해석하고 데이터화하는 작업은 앞선 세대가 추던 춤을 우리 다음 세대까지도 동일하게 보고, 배우고, 즐길 수 있게 만드는 일이다. 이는 곧 디지털 시대의 새로운 문화 보존 패러다임이다.

그러나 동시에 윤리적 및 미학적 관점에서 높은 수준의 신중한 접근이 요구된다. AI가 생성한 움직임이 전통 고유의 미학적 원리와 가치를 훼손하지 않도록 보장하기 위해서는, 전통 무용 전문가와 기술자 간의 긴밀한 협업 체계가 필수적이다. 궁극적으로 '보존'과 '혁신' 사이의 균형을 설계하는 것이 핵심 과제로 대두된다.

복원과 보존을 위한 AI의 역할

전통 무용의 복원과 보존 영역에서 AI 기술의 활용은 문화유산 보호의 새로운 패러다임을 구축하고 있다. 특히 시간의 흐름에 따라 소실되거나 변형된 전통 무용의 원형 복원과 현존하는 무용의 체계적 보존에 AI가 핵심적 역할을 담당한다.

AI 기반 복원 기술의 가장 큰 이점은 불완전한 자료를 기반으로도 합리적 추론을 통해 원형에 근접한 복원이 가능하다는 점이다. 명화 복원 시 AI 알고리즘이 수십 년 소요되는 작업을 수 시간 내에 완료하는 것처럼, 전통 무용 분야에서도 오래된 영상, 사진, 불완전한 기록을 AI가 분석하여 손실된 동작, 음악, 의상 요소 등을 복원해 낼 수 있다. 예를 들어, 인도 고전 무용인 바라타나티암(Bharatanatyam)의 3D 포즈 재구성 연구가 진행 중이며(Jayanthi & Maheswari, 2024), 아프리카 나이지리아의 에요(Eyo) 가면 무용을 3D 캡처 및 재구성하는 연구가 성공적으로 수행된 바 있다(Ami-Williams et al., 2024).

또한 AI는 산재된 부분적 자료를 종합 분석함으로써 전승의 '단절된 고리'를 연결할 잠재력을 제공한다. 실제로 러시아 무용가 루돌프 누리예프(Rudolf Nureyev)의 옛 공연 영상 일부 구간에 AI 보조 주석을 적용하고 디지털 트윈 관점에서 활용 가능성을 검증한 데모가 시연되었다(Garzarella et al., 2024). 한국의 궁중 무용이나 민속 무용 역시 일제강점기 및 한국전쟁을 거치며 원형 훼손이나 전승 단절을 경험했다는 점에서, 부분 자료 연결과 동작 재구성은 AI 시대의 당면 과제로 인식된다.

이러한 맥락에서, 무형문화재 관련 학습 데이터세트 구축과 전통 춤사위 동작 인식 알고리즘 연구가 활발히 진행되고 있다. 이는 단순 기록을 넘어 복원, 검증, 교육에 이르는 보존 전 주기에서 AI가 핵심적 역할을 수행하도록 지원하는 기제다. AI는 전통 무용의 변화 과정 추적 및 분석에도 활용될 수 있다. 동일 무용이라도 지역별, 시대별 변화 양상을 객관적인 데이터를 통해 파악할 수 있으며, 이는 자연스러운 발전과 원형에서 벗어난 변질을 판단하는 근거를 제공한다.

그러나 AI를 활용한 복원과 보존에는 한계도 존재한다. 전통 무용은 단순히 동작의 연속이 아니라 문화적 맥락과 정신적 가치를 담고 있는 종합예술이다. 따라서 AI가 아무리 정확한 동작을 복원한다 해도, 그 안에 담긴 철학과 미학, 그리고 무형의 가치까지 완전히 재현하기는 어렵다. 따라서 전문가의 해석과 판단은 여전히 필수적이며, AI는 이 과정을 지원하는 보조적 도구로서의 역할에 충실해야 한다.

전통 무용의 데이터화 사례

인간의 신체를 매개로 전승되는 전통 무용은 전승자의 부재와 함께 소실될 위험을 내포한다. 이에 따라 디지털 기술을 활용한 영구적 아카이빙(Archiving)과 데이터화 시도가 활발히 진행되고 있다.

한국은 국가적 차원에서 전통 무용의 디지털 아카이빙을 추진해 왔다. 이미 2005~2006년, 국립문화재연구소 등은 모션 캡처(Motion Capture) 기술을 활용하여 승무, 살풀이, 태평무 등 국가무형문화재 6종목의 춤사위를 기록한 선행 사례가 존재한다(중앙일보, 2006). 최근에는 대규모 학습 데이터세트 구축 및 공개가 가속화되고 있다. 2021년에는 한국 무용 및 민속 무용 등 12개 분야 655가지 동작(1806시간 분량)의 데이터가 공개되었으며, 2023년에는 국가무형문화재 탈춤 13종 동작 12만여 건이 국가 운영 플랫폼인 'AI 허브(AI-Hub)'를 통해 대중에게 공개되었다. 아울러 2020년 문화재청(현 국가유산청)과 SK텔레콤은 국가무형문화재 제92호 태평무(太平舞)를 360도 촬영 및 3D 데이터 변환을 거쳐 증강현실(AR) 콘텐츠 '태평하기를(Taepyeong Dance)'을 선보였다. 이는 경복궁 방문객들이 스마트폰을 활용하여 전통 춤사위를 실감나게 체험할 수 있는 접근성을 확보했다는 데 의의가 있다.

무용의 미적 완성도를 규정하는 의상, 소품, 그리고 음악과의 관계성 역시 데이터화의 필수적 대상 영역이다. 한복의 선(Line)이나 부채, 칼 등의 소품은 춤의 고유한 미적 요소이므로 별도의 데이터화가 요구된다. 유지영(2023)은 구글의 티처블 머신(Teachable Machine)을 활용한 연구를 통해 한복, 탈, 카메라 각도 등이 동작 인식의 정확도에 미치는 주요 영향임을 확인했다. 또한 중동의 키프로스 대학교 연구진은 나이지리아 에요 페스티벌 춤을 의상 착용 전후로 기록하여 무거운 의상이 동작의 속도와 범위에 미치는 제한적 영향을 입증했다(Ami-Wiliams et al., 2024). 이러한 정보는 전통 무용의 신체적 특성을 이해하는 데 필수적이다. 나아가 가야금 산조와 살풀이춤처럼 음악과 무용이 긴밀하게 연결된 경우, 리듬 및 선율 변화에 따른 동작 패턴을 통합적으로 분석하여 연계 데이터세트를 구축할 필요가 있다. 이는 AI가 음악에 조화로운 춤사위나 춤에 적합한 음악을 추천할 수 있는 기술적 기반을 제공한다.

이렇게 구축된 전통 무용 데이터는 학술 연구뿐만 아

니라 교육과 공연 분야에서 적극적으로 활용된다. 교육 분야에서는 AI 튜터를 통해 학습자의 동작을 분석하고 피드백을 제공하는 시스템이 개발되었다. 유럽연합(EU)의 '테르프시코레 프로젝트(Terpsichore Project, 2016~2020년)'는 그리스의 칼라마티아노스(Kalamatianos), 시르토스(Syrtos) 같은 전통춤과 슬로바키아의 민속춤을 3D · VR 데이터로 구현하여 학습과 피드백 도구로 활용했다(Kico et al., 2020). 한편 공연 분야에서는 2025년 중국 춘절 무대에서 휴머노이드 로봇 16대가 무용수와 함께 북방 민속춤 '뉴양거(扭秧歌)'를 선보인 사례가 있다(MBC 뉴스, 2025). 이는 디지털화된 동작 데이터가 대규모 로봇 앙상블 공연에 적용될 수 있음을 시사한다.

그러나 전통 무용의 '멋'과 '흥'과 같은 감성적 미학 요소나 무용수 개개인의 예술적 해석은 정량적으로 수치화하기 어렵다는 명확한 한계가 존재한다. 따라서 데이터화는 객관적 기록과 분석을 위한 보조적 도구일 뿐이며, 예술 자체의 본질을 대체할 수는 없다는 점을 분명히 인식하는 것이 중요하다.

참고문헌

유지영(2023). "스켈레톤 데이터(skeleton data) 추출을 위한 한국전통춤 영상의 요건 탐색". 《국제문화예술》, 4(1), 87~100쪽.

중앙일보(2006.11.10). "문화재, 디지털 옷 입고 생생한 환생". https://www.joongang.co.kr/article/2504361

MBC 뉴스(2025.1.31). "'춘절'에 선보인 로봇 군무… 중국, 휴머노이드까지?". https://imnews.imbc.com/replay/2025/nwtoday/article/6681902_36807.html

Ami-Williams, T. et al.(2024). Digitizing traditional dances under extreme clothing: The case study of Eyo. *Journal of Cultural Heritage, 67*, pp.145~157.

Archiwaranguprok, C. et al.(2025). Open Dance Lab: Digital Platform for Examining, Experimenting, and Evolving Intangible Cultural Heritage. *ACM*, 45, pp.1~12.

Garzarella, S. et al.(2024). Preserving and annotating dance heritage material through deep learning tools: A case study on Rudolf Nureyev. *CEUR Workshop Proceedings, 3810.*

Jayanthi, J. & Maheswari, P. U.(2024). AI and augmented reality for 3D Indian dance pose reconstruction cultural revival. *Scientific Reports, 14*, 7906.

Kico, I. et al.(2020). Visualization of Folk-Dances in Virtual Reality Environments. In Kavoura, A. et al.(eds.). *Strategic Innovative Marketing and Tourism*, pp.51~59. Springer.

Laurie Lloyd-Jones et al.(2023). Virtual Reality Pōwhiri—Practicing an indigenous welcoming ceremony. In Proceedings of the 35th Australian Computer-Human Interaction Conference (OzCHI '23). Association for Computing Machinery, New York, NY, USA, 550-563. https://hci.otago.ac.nz/papers/LloydJonesACMOZCHI202

3.pdf
Terpsichore Project(2016-2020).
https://erra.gr/portfolio/terpsihore-project
Wang, Z. et al.(2024). Documenting Dunhuang Dance Using Motion Capture Technology. *Eurographics Workshop on Graphics and Cultural Heritage (GCH 2024).*

09
춤추는 도시, 연결된 사회

무용은 극장이라는 전통적인 공간을 넘어, 거리와 도시 전체로 그 무대를 확장하고 있다. 이러한 흐름에 AI가 결합되면서 공연은 더욱 개방적이고, 시민이 주체적으로 참여하는 예술로 진화하고 있다. 공공 예술, 시민 참여형 퍼포먼스, 미디어아트와의 창의적 융합을 통해 AI가 새롭게 구축하는 도시형 예술 생태계를 조명해 본다.

AI와 기자?

도시 퍼포먼스, 거기에 AI가 더해지면?

공연 예술의 장은 이미 극장을 넘어 거리, 광장, 유적지, 스크린 등 도시 전역으로 확장되고 있다(Stevens & Shin, 2014). 여기에 AI가 결합되면서 무용은 폐쇄된 형식에서 벗어나 시민이 직접 참여하고 개입하는 '도시형 퍼포먼스'로 진화하고 있다.

영국 유니버설 에브리싱(Universal Everything) 스튜디오의 〈퓨처 유(Future You)〉(2019)는 런던 바비칸 센터(Barbican Centre)의 〈인공지능: 모어 댄 휴먼(AI: More Than Human)〉 전시회 입구에 설치된 인터랙티브 AI 예술 설치 작품이다(Universal Everything, 2019). 마치 디지털 거울과 같다. 관객이 작품 앞에 움직이는 순간, 바디트래킹(Body Tracking)과 AI 알고리즘이 관객의 신체 움직임을 실시간으로 분석하고 학습하여 화면 속 '디지털 분신'이 즉각적으로 반응한다. 약 4만 7000가지에 이르는 변주 구조 덕분에, 관객은 짧은 몸짓만으로도 작품의 움직임을 바꾸는 '공동 창작자'가 된다(ACMI 사이트).

스위스 안무가 질 조빈(Gilles Jobin)의 〈댄스 트레일(Dance Trail)〉(2020)은 스마트폰이나 태블릿을 통해 가상 무용수를 현실 세계로 불러올 수 있는 앱 형태의 증강현실(AR) 댄스 콘텐츠다. 관람자는 스마트폰에 앱을 다운로드하고 거리와 공원, 광장 심지어 손안에 AR 무용수를 배치한 후, 춤을 감상하고 영상을 촬영할 수도 있다. 도시의 보행 경로가 곧 감상 동선이 된다. 이 작품은 2020 선댄스영화제(Sundance Film Festival)를 위해 개발된 댄스 트레일 앱으로 파크시티, 브뤼셀, 홍콩, 더블린, 한국 등 전 세계 사람들을 거리, 들판에서 증강현실 댄스를 즐기게 했다(Cie Gilles Jobin, 2020).

드론을 가변적인 빛의 파트너로 활용해 군집의 배열과 고도를 조정함으로써 도심 스카이라인, 광장, 스타디움 같은 비전통적 공간을 새로운 안무의 캔버스로 재구성한 작품이 있다. 일본의 일레븐플레이(ELEVENPLAY) × 리조마틱스(Rhizomatiks)는 드론, 컴퓨터 비전, 머신러닝을 무용과 통합해 '기계가 조명이자 파트너가 되는' 작업을 해 왔다. 이들의 작업은 공연장 기반의 작품으로 알려졌지만, 대규모 공개 행사나 방송 등 도시형 이벤트와 결합한 사례가 다수 축적되어 있다(Rhizomatiks Research, 2022).

'여러 도시가 곧 하나의 무대'라는 도시형 퍼포먼스의 비전을 실험적으로 입증한 사례는 과거에도 있었다. 커넥팅 시티즈(Connecting Cities)의 〈댄스.AR(Dance.AR)〉(2013)는 복수의 도시 참가자들이 스마트폰 AR 인터페이스를 통해 동시적으로 하나의 작품을 공동 안무하도록 설계된 글로벌 퍼포먼스다. 분산된 도시 공간이 네트워크로 연결되며, 각 도시 사용자들이 남긴 동작 데이터와 이동 경로가 실시간으로 중첩되어 하나의 거대 안무 지형을 형성한다(Connecting Cities, 2013).

광장, 청사 로비, 도시 문화센터 등 비(非)무대 공간에서 시민이 'AI 가상 무용 파트너'와 즉흥 듀엣을 추는 인터랙티브 설치도 널리 활용된다. 조지아공대의 루민AI(LuminAI)는 카메라가 관객의 몸짓을 추적하고 분석해 스크린 속 AI 아바타가 즉시 응답하도록 설계된 시스템이다. 지나가는 시민을 '즉석 퍼포머'로 전환하는 장치다. 이 형식은 공공 미디어아트나 지역 축제에 손쉽게 적용할 수 있으며, 도시 일상에서 참여형 무용 경험을 촉발하는 실질적 방법론으로 자리 잡고 있다(McRainey, 2024).

한국의 전통춤도 도시 공간에서 새로운 방식으로 재맥락화되고 있다. 2020년 문화재청과 SK텔레콤이 국가무형문화재 태평무를 볼류메트릭 캡처(Volumetric Capture) 기반 3D AR 콘텐츠로 제작하여 공개했다. 관광객은 경복궁 등 현장에서 스마트폰만 들면 공간 위에 중첩된 전통춤 태평무를 즉시 감상할 수 있었다. 이는 전통 무형 유산을 도시 일상 속에서 체험할 수 있는 콘텐츠로 전환한 사례다(DigitalToday, 2020).

이러한 사례들은 세 가지 공통점을 공유한다. 첫째, 접근성의 비약적 확장이다. 표를 사지 않아도 우연히 지나다가도 작품과 우연히 만날 수 있으며, 건물 외벽, 광장, 지하도, 학교 담장까지가 잠재적 무대가 된다. 둘째, 관객의 역할 변화다. 카메라와 센서가 관객의 몸짓과 목소리, 위치를 읽고 작품이 실시간 반응함으로써 관객은 수동적 수용자를 넘어 '공동 제작자'로 전환된다. 셋째, 도시 고유의 이야기가 작품의 재료가 된다. 지역 아카이브와 데이터(역사, 기억, 소리, 기상 등)를 활용하면, 특정 도시의 얼굴과 정체성을 예술적으로 표출할 수 있다.

정리하자면, AI는 도시 퍼포먼스의 '두뇌'로 기능한다. 건물은 캔버스가 되고, 광장은 무대가 되며, 시민은 퍼포머(Performer)이자 데이터 제공자가 된다. 이들이 네트워크와 알고리즘으로 연결되는 순간, 도시는 하나의 살아 있는 공연장으로 재구성된다.

AI 기반 시민 참여형 퍼포먼스

공연 예술에 AI와 증강현실(AR)이 결합되면서, 시민이 직접 참여해 함께 작품을 만들어가는 참여형 무용 형식이 확산되고 있다.

스마트폰 앱을 활용한 AR 참여 방식은 가장 보편적인 구현 형태다. 구글의 미디어파이프 핸즈(MediaPipe Hands) 솔루션은 모바일 환경에서도 손가락 관절 위치를 실시간으로 추적할 수 있으며(MediaPipe Hands 공식 홈페이지), 애플 에이알킷(ARKit) 앱의 고도화로 손 제스처를 통해 가상 객체와 상호작용하는 복합 인터랙션 설계도 가능해졌다(Apple Developer 공식 홈페이지).

또 하나의 핵심 특징은 '집단 지성'의 작동 방식이다. AI는 개별 시민의 참여를 단순히 합산하는 데 그치지 않고, 집단의 창의성을 증폭시키는 방향으로 작동한다. 한 참여자가 제안한 아이디어를 AI가 분석하고 재구성하여 다른 참여자에게 새로운 제안으로 제시하면, 그들은 이를 다시 변형하고 확장한다. 이러한 피드백 루프를 통해 누구도 홀로 상상할 수 없었던 예기치 못한 안무 구조와 공간 구성이 생성된다(Gorkovenko et al., 2020).

AR 기술의 위치 기반 참여형 퍼포먼스는 오래전부터 시도되었다. 〈댄스AR(Dance.AR)〉(2013)는 여러 도시의 참가자가 스마트폰을 통해 동작과 좌표를 동기화하여 공동 안무를 구성한 프로젝트다. 플래시몹의 개념이 새롭게 정의된 〈글로벌 코레오그래피(Global Choreography)〉(2012)는 전 세계 참가자가 같은 시각에 스마트폰 AR 큐브의 지시를 따라 30여 개 동작을 수행하는 퍼포먼스다. 이들 프로젝트는 개인의 이동과 몸짓 데이터를 엮어 '거대한 안무 지형'을 만든다. 또한 무용수와 관객이 스마트폰을 매개로 무대와 상호작용하는 〈더 스마트폰 프로젝트(The Smartphone Project)〉 역시 스마트 디바이스를 중심으로 확장되는 참여형 안무 구조를 잘 보여 준다(Fabien Prioville Dance Company 홈페이지).

시민 참여형 퍼포먼스는 사회적 이슈와의 연동 측면에서도 주목된다. 환경 보호, 사회 정의, 평화 등 공적 의제를 주제로 삼을 경우, 시민은 자신의 의견과 감정을 움직임으로 표현하고, AI는 이를 분석하고 매개하여 예술적 형태로 변환한다. 예를 들어 기후 위기에 대한 불안과 분노가 점차 격렬해지는 움직임 패턴으로 시각화되거나, 평화에 대한 염원이 조화로운 집단 안무로 구성될 수 있다(Li, Z. et al., 2020). 환경 친화적 기술의 도입 역시 최근 주목할 만한 흐름이다. 태양광 패널로 구동되는 LED 의상, 재활용 소재로 제작된 인터랙티브 무대 장치, 생분해성 재료를 활용한 소품 등은 환경 메시지와 기술적 실험을 동시에 담아낸다. 이러한 접근은 거리 공연이 단순한 볼거리 이상의 사회적, 환경적 가치를 전달하는 매체로 기능할 수 있음을 보여 준다.

동시에 시민 참여형 퍼포먼스에는 참여의 질과 지속성을 어떻게 확보할 것인가라는 과제가 따른다. 초기의 호기심에 기반한 일회성 참여를 넘어, 반복 참여와 커뮤니티 형성으로 이어지게 하기 위해서는 참여자 간 의미 있는 소통과 연대 구조를 설계해야 한다. 또 디지털 격차로 인해 특정 계층이 시스템에서 배제되지 않도록, 기술 접근성과 인터페이스 난이도, 언어 장벽 등을 고려한 포용적 설계 역시 필수적이다.

예술과 기술이 융합된 거리 공연

거리 공연은 인류 역사에서 가장 오래된 공연 형식 중 하나이지만, 현대에 이르러 예술과 첨단 기술이 융합되면서 완전히 새로운 표현 양식을 만들어 내고 있다. VR, AR, AI 등 디지털 기술을 접목한 기술 융합 예술 창작이 증가함에 따라, 거리 공연은 더 이상 '야외에서 벌어지는 소규모 공연'에 머물지 않고, 도시 공간 전체를 무대로 삼는 복합 미디어 퍼포먼스로 확장되고 있다.

전통적인 거리 공연이 퍼포머의 개인적 기량과 즉흥성에 크게 의존했다면, 기술 융합 거리 공연은 디지털 기술을 통해 퍼포머의 능력을 확장하고 증폭시킨다. 디지털 퍼포먼스와 인터랙티브 퍼포먼스는 관람자가 더 깊게 몰입할 수 있는 환경을 제공하고, 시공간의 해체, 신체 확장, 퍼포머-무대-관객 간 실시간 상호작용이라는 새로운 특성을 드러낸다.

1970년대부터 시작된 비디오 아트와 인터랙티브 아트가 미술의 영역을 확장해 온 것처럼, 현대 거리 공연 역시 예술 장르의 경계를 지속적으로 확장하고 있다. 홀로그램 기술로 과거의 거장을 소환해 현시대의 무용수와 공존하는 무대를 만들거나, AI 가상 무용수가 실제 무용수와 교감하듯 춤추는 장면을 연출하는 것이 대표적인 예입니다.

센서 기술의 도입은 거리 공연을 더욱 정교한 인터랙티브 시스템으로 전환한다. 관객들의 움직임, 소리, 심지어 감정 상태까지도 각종 센서와 웨어러블 기기를 통해 감지하고 분석한 후 퍼포먼스에 실시간 반영할 수 있다. 관객의 박수가 일정 수준 이상으로 커지면 조명이 더욱 강렬해지고, 환호성이 높아지면 음악의 볼륨과 템포가 변화하며, 관객의 이동 동선에 따라 퍼포먼스의 중심 무대 위치가 이동하는 방식이다. 이처럼 관객과 퍼포머 사이의 경계가 흐려지면서, 모든 참여자가 공연의 공동 창작자가 되는 구조가 형성된다.

일본의 팀랩(teamLab)이 보여 주는 '공간의 변형과 상호작용'이라는 혁신은 거리 공연 영역에서 도시 공간을 무용의 장으로 재해석하는 시도와 일치한다. 팀랩은 〈디지털화된 도시(Digitized City)〉 프로젝트 등을 통해 도시의 숲이나 공공 공간에 관람객의 신체적 움직임에 반응하는 빛과 소리의 설치물을 배치한다. 여기서 관람객은 단순히 보는 존재가 아니라, 작품의 형태와 생명력을 결정하는 '익명의 퍼포머'가 된다. 관람객의 일상적인 걸음이나 접촉은 디지털 안무의 일부가 되어 주변 환경에 즉각적으로 파동을 일으킨다. 이처럼 무용수의 움직임이 도시 환경에 영구적인 예술적 효과를 투사하는 기술은, 거리 공연이 도시 디자인 및 환경에 깊숙이 개입하는 새로운 가능성을 제시한다.

물론 기술 융합 거리 공연에는 해결해야 할 현실적 과제도 많다. 복잡한 기술 장비로 인해 설치와 철거가 어렵고, 높은 제작 비용과 기술적 오류의 가능성이 상존한다. 무엇보다 과도한 기술 의존으로 인해 예술적 본질이 희석되거나, 기술 시연에 가까운 이벤트로 전락할 위험도 있다. 실감형 미디어아트의 붐 속에서도 기술이 예술을 압도하지 않고 예술적 표현을 지원하고 심화하는 도구로 활용되도록 비평적 감수성과 큐레이션 전략이 병행되어야 한다.

또한 도심의 다양한 공간에서 진행되는 거리 공연은 소음, 교통, 보행 동선, 안전 규제 등 도시 인프라와 긴밀하게 얽혀 있다. 이 제약들을 단순한 장애물이 아니라 창작의 조건으로 재해석하는 전략이 중요하다. 예컨대 무선 헤드폰을 이용한 무소음 파티 〈한강 무소음 DJ 파티(Silent Disco)〉나 교통 소음을 리듬 소스로 삼아 퍼커션 요소로 활용하거나, 건물 외벽의 그림자를 자연 조명의 일부로 간주해 시간대에 따라 변주되는 무대로 사용하는 등 도시 고유의 물리, 환경 조건을 무용의 일부로 끌어들이는 방식이 가능하다. 이처럼 예술과 기술이 결합된 거리 공연은 도시를 단순한 배경이 아닌 '공동 창작의 플랫폼'으로 재정의하며, 관객과 퍼포머 그리고 기술 및 환경이 얽혀 만드는 새로운 공연 생태계를 형성해 나가고 있다.

참고문헌

한강무소음DJ파티. https://silentdisco.kr

DigitalToday(2020.11.26). "SKT, 전통 춤 태평무 AR로 재탄생… '태평하기를' 캠페인". https://www.digitaltoday.co.kr/news/articleView.html?idxno=254430

ACMI. Future You note.

https://www.acmi.net.au/works/122578—future-you
Apple Developer. Tracking and visualizing hand movement (HandTrackingProvider/ARKit). https://developer.apple.com/documentation/visionOS/tracking-and-visualizing-hand-movement
Cie Gilles Jobin(2020). Dance Trail - Augmented reality dance piece. https://www.gillesjobin.com/en/creation-en/dance-trail-ar/
Connecting Cities(2013). Dance.AR. https://www.connectingcities.net/project/dancear
Li, Z. et al.(2020). Empowering a creative city: Engage citizens in creating street art through human-AI collaboration. *Proceedings of CHI 2020.* https://exertiongameslab.org/wp-content/uploads/2020/02/empowering_a_creative_city_chi2020.pdf
McRainey, M.(2024.6.10). Teaching AI to Collaborate, not Merely Create, Through Dance. Georgia Tech Research. https://research.gatech.edu/teaching-ai-collaborate-not-merely-create-through-dance
MediaPipe Hands. https://mediapipe.readthedocs.io/en/latest/solutions/hands.html
Prioville, F. The Smartphone Project. https://fabienprioville.com/archive/the-smartphone-project/
Rhizomatiks Research(2022.10.9). discrete figures. https://rhizomatiks.com/en/work/discrete-figures
Stevens, Q. & Shin, H.(2014). Urban festivals and local social space. *Planning Practice & Research, 29*(1), pp.1~20.
Universal Everything(2019). Future You - Motion-capture artwork. https://www.universaleverything.com/media-art/future-you

10
우리가 함께 만든 무용

예술의 주체가 확장되고 있다. 이제 안무와 실행의 모든 과정에 인간과 AI가 함께 참여하는 시대가 열렸다. 이는 단순한 기술 활용을 넘어 예술 창작의 패러다임이 바뀌고 있음을 의미한다. 이에 따른 공동 창작의 기술적 · 윤리적 기반을 살펴보며, 앞으로 예술과 기술이 공존할 수 있는 새로운 생태계의 모습을 그려본다.

AI와 미래 의사?

협업을 위해 필요한 기술과 윤리

예술은 오랫동안 인간만의 고유한 영역으로 간주했다. 특히 무용은 관객 앞에서 살아 있는 무용수가 직접 움직임을 선보이는 형태이기 때문에 어느 정도 AI의 영향을 받지 않는 것처럼 보였다. 그러나 현재 무용 분야에서 AI는 단순히 기술을 도구로 활용하는 단계를 넘어 안무의 아이디어를 확장하고, 훈련의 효율성을 높이며, 맞춤형 교육 및 학습 경험을 제공하고, 라이브 퍼포먼스의 새로운 형태를 제시하는 능동적인 협력자로 점차 자리매김하고 있다.

이러한 협업이 실질적으로 작동하기 위해서는 무엇보다 기술적 기반이 전제되어야 한다. AI는 대규모 움직임 데이터세트를 학습해 새로운 안무 시퀀스를 제안하는 것뿐만 아니라, 이제는 실시간으로 무용수의 동작과 관객 반응을 분석해 조명, 음악, 무대 영상 등을 조절할 수도 있다. AI와 관객 참여를 기반으로 하는 공연 〈릴리트 이온(Lilith.Aeon)〉(2024)과 AI를 활용한 협업 안무로 문화유산인 태국 전통춤을 진화시킨 〈사이버 수빈(Cyber Subin)〉(2024)은 관객의 실시간 상호작용으로 무대 위의 안무와 장면을 변화시킨 대표적인 사례다. AI가 단순한 '도구'를 넘어 창작 과정에 적극적으로 개입하는 협력자로 기능할 수 있음을 보여 주고 있다.

다만, 이러한 무용과 AI 협업이 예술적, 윤리적으로 유효하게 작동하려면, AI의 작동 방식에 대한 일정 수준의 '기계 해석 가능성'이 확보되어야 한다. 어떤 데이터로 학습했는지, 어떤 알고리즘적 원리를 바탕으로 제안을 생성하는지, 편향과 한계는 무엇인지가 투명하게 공개되어야 한다. 이러한 이해는 단순한 기술 설명을 넘어, 함께 작업하는 파트너의 성향, 능력, 제약을 이해하려는 예술적 협업의 기본 조건과 같다. 안무가가 AI를 창작 파트너로 온전히 다루기 위해서는, 시스템 구조를 최소한 '작업 언어' 수준으로 이해해야 AI의 제안을 비판적으로 수용하고 자유롭게 변형할 수 있다. 다시 말해 안무가는 AI를 창작 파트너로 삼기 위해 그 작동 원리에 대한 학습을 게을리 해서는 안 된다는 의미다.

기술적 준비 못지않게 중요한 것이 윤리적 기준이다. AI와의 협업에서 자주 제기되는 질문은 바로 '누가 진정한 창작 주체인가?'하는 것이다. AI가 제안한 동작을 인간 안무가가 선별, 편집, 재구성하여 무대에 올렸을 경우, 그 작품의 저작권과 최종 책임은 누구에게 귀속되는가? 나아가 무용수의 몸이 생성형 AI의 학습 데이터로 활용될 때, 무용수 본인이 그 사실을 충분히 인지하고 명시적으로 동의했는지에 대한 윤리적 질문도 뒤따른다. 이러한 문제의식을 바탕으로 2025년 6월, 문화체육관광부와 한국저작권위원회는 "생성형 AI 활용 저작물의 저작권 등록 안내서"를 발표했다. 인간과 AI의 창작 경계에 대한 기준을 제시한 것이다. 앞서 2023년 12월, 방송통신위원회와 한국지능정보사회진흥원(NIA)은 생성형 AI를 윤리적이면서도 생산적으로 활용하기 위해 "생성형 AI 윤리 가이드북"을 발간했다. 이 윤리 가이드북은 저작권과 책임성, 허위 조작 정보, 개인정보/인격권, 오남용의 위험을 다루며, 생성형 AI를 활용할 때 점검해야 할 체크리스트도 제시한다(한국지능정보사회진흥원, 2023). 무용과 같이 신체와 이미지가 핵심 자원인 예술 분야에서는 이 가이드라인이 데이터 수집, 학습, 결과물 활용 전 과정에서 윤리적 기준선 역할을 할 수 있다.

이미 해외에서는 저작권과 관련된 법적 분쟁이 논란거리로 부상했다. 유명한 게임 '포트나이트(Fortnite)'를 만든 제작사 에픽게임즈(Epic Games)는 게임 내에서 유료로 판매하던 춤 동작(emote)이 안무가들의 동작을 무단으로 모방했다는 이유로 소송을 당했다. 특히 유명 안무가 카일 하나가미(Kyle Hanagami)는 이미 공식적으로 저작권으로 등록된 안무 동작이 허락 없이 사용됐다며 소송을 제기했다. 1심에서는 에픽게임즈가 승소했으나, 미 제9연방항소법원은 "안무를 몇 개의 포즈로 축소하는 것은 음악을 단지 음표의 나열로 축소하는 것과 같다"고 판시하며 이를 뒤집었다. 결국 2024년 2월 양측이 최종 합의하며 사건은 종결되었다(Reuters, 2024). 이 사례는 안무가의 창작물이 개별 포즈의 집합이 아니라 시간, 공간, 리듬, 관계성이 결합된 복합적 구조라는 점을 법적으로 재확인한 사건이기도 하다.

국내 무용계에서도 AI와의 협업이 증가함에 따라 윤리적인 고민에 대해 생각하게 되었다. 박유나(2024)의 연구에 따르면, AI 시스템과 함께 작업한 일부 무용가들은 자신의 몸이 AI 프로젝트를 위한 '입력 장치'에 불과한 것처럼 느껴지는 '몸의 소외' 경험을 보고했다. 원래 무용은 무용수의 몸이 감정과 사유를 매개하는 예술이지만, 창작의 주도권이 AI 쪽으로 기울어질 경우, 무용수는 AI가 설계한 궤적을 수행하는 '실행 장치'로 전락할 위험을 느끼게 된다는 것이다. 따라서 AI와 무용 협업에서 진짜 핵심은 기술적 편의가 아니라, 인간 창작자의 존엄성과 예술적 주체성을 보장하는 윤리적 기반 위에서 기술을 활용하는가의 문제다. AI는 예술가를 대체하는 주체가 아니라 인간 예술가가 자신의 언어, 몸, 역사를 더욱 정교하게 펼쳐 보일 수 있도록 돕는 도구이자 파트너로 위치 지워져야 한다.

새로운 예술 생태계의 지형도

AI와 인간이 함께 무용을 만드는 시대에는, 개별 작품의 양식만 바뀌는 것이 아니라 예술 창작의 생태계 자체가 재구성된다. 과거 공연 제작 현장은 안무가, 무용수, 음악가, 조명 및 무대 디자이너 등 인간 전문가들로 구성된 비교적 닫힌 구조였다. 이제 여기에 AI 개발자, 데이터 과학자, 인터랙션 디자이너, 그리고 다양한 AI 프로그램이 새로운 '행위자'로 편입되면서, 창작 생태계는 복수의 기술과 예술 그리고 연구 주체가 공존하는 다중 협업 구조로 전환되고 있다.

플랫폼 차원에서도 변화는 뚜렷하다. AI 기반 무용 창작 플랫폼의 등장은 전 세계 안무가들이 지리적 제약 없이 협업할 수 있는 기술적 토대를 제공한다. 영국의 안무가 웨인 맥그리거(Wayne McGregor)가 구글 아트 & 컬처 연구소(Google Arts & Culture Lab)와 함께 개발한 '리빙 아카이브(Living Archive)'는 그 대표적인 예다. 이 시스템은 맥그리거가 25년에 걸쳐 축적한 공연 영상 아카이브를 학습해, 무용수가 3~5초 정도 움직임을 제시하면 그에 이어질 수십 개의 새로운 동작 조합을 즉시 제안한다. 경험 많은 조안무가가 "이 동선 뒤에 이런 변주를 붙여보면 어떨까요?" 하고 끊임없이 아이디어를 던지는 것과 유사한 구조다.

리빙 아카이브 기술은 한국에서도 본격적으로 실험되고 있다. 2023년 국립발레단의 이영철 발레마스터는 리빙 아카이브를 활용해 신작 〈피지컬 싱킹+AI〉를 안무했다. 이 작품은 AI가 제안한 움직임을 발레 어법으로 번역, 재구성한 국내 최초의 본격 AI 협업 발레로 평가된다. 안무가는 AI가 생성한 제안들 가운데 일부는 물리적으로 구현 불가능하거나 인간 신체의 관성, 중력 감각과 상충하는 경우—머리가 몸에서 분리되어 있는 듯한 동작, 연결이 불가능한 관절 배열—가 있다고 지적하면서도, 바로 그 '불가능한 제안'이 사고의 관성을 깨고 새로운 구성 원리를 탐색하게 하는 촉매 역할을 한다고 설명한다(연합뉴스, 2023).

보다 신체적 현실성과 제작 효율성을 동시에 고려한 시스템도 등장했다. 2023년 스탠퍼드 대학교 연구팀이 개발한 'EDGE(Editable Dance GEneration)'는 어떤 음악이든 입력하면 자동으로 그에 맞는 3D 댄스 애니메이션을 생성하고, 안무가가 수정하고 싶은 구간만 선택하면 나머지 부분을 알고리즘이 자연스럽게 보완한다. 마치 글을 쓸 때 AI가 문장을 제안하고 우리가 마음에 드는 부분만 선택하거나 고쳐 쓰는 것처럼, 안무도 이제 이런 방식으로 만들 수 있게 된 것이다(EDGE 공식 홈페이지). 최근 구글의 비오(Veo)나 오픈AI(OpenAI)의 소라(Sora)와 같은 도구를 활용하면 춤추는 영상을 손쉽게 제작할 수 있다. 이 모델들은 사진은 물론 텍스트만으로도 동영상 제작이 가능하며, 소셜 미디어 콘텐츠 제작에 널리 사용되고 있다.

이러한 새로운 창작 흐름 속에서 가장 중요한 키워드는 '다학제적 융합'이다. 과거에는 무용가는 오직 안무나 무용만, 기술자는 코드와 알고리즘에만 집중했지만, 이제는 서로의 영역을 교차적으로 이해하고 공통의 협업 언어를 구축하며 작품을 공동으로 설계해야 한다. 영국의 알렉산더 위틀리 댄스 컴퍼니(Alexander Whitley Dance Company)는 창단 초기부터 디지털 기술의 통합을 핵심으로 삼아, 안무가와 기술 개발자가 동등한 위치에서 소통하며 작품을 공동 설계하는 다학제적 협업 체계를 선도적으로 구축했다. 특히 2021년 작품 〈안티바디(ANTI-BODY)〉에서는 이러한 융합이 실현되었다. 실시간 모션 캡처 기술을 활용해 무용수의 움직임을 정밀한 데이터로 변환하고, 이를 다시 추상적인 시각 이미지로 무대 전면에 투사했다. 이 과정에서 신체, 데이터, 영상이라는 세 가지 요소가 분리되지 않고 하나의 연속체처럼 유기적으로 작동하는 무대 경험을 구현하였다(Alexander Whitley Dance Company 공식 홈페이지).

교육 체계도 근본적인 변화를 요구받고 있다. 전통적인 무용 교육이 모범 동작의 모방과 반복을 통해 기술을 체득하는 데 주력해 왔다면, AI 시대의 무용 교육은 기술과 협업하는 능력, 새로운 도구를 비판적으로 해석하고 활용하는 능력, 그리고 복잡한 문제를 창의적으로 해결하는 역량을 중심으로 재편될 필요가 있다. 미국 제이콥스필로(Jacob's Pillow) 무용 학교는 2024년부터 '안무기술 연구소(ChoreoTech Lab)'를 운영하며, 안무가와 무용수들에게 AI와 증강현실(AR) 기반 창작 방법을 교육하고 있다. 참가자들은 AI 기반 안무 생성 트랙과 AR/실시간 3D 영상 기반 무대 구현 트랙으로 나뉘어, 기술과 안무 그리고 연출이 통합된 형태의 작업을 실험한다(Jacob's Pillow 공식 홈페이지). 이러한 프로그램은 미래 세대의 무용가를 '기술 사용자'가 아니라 '기술과 함께 창작하는 예술가'로 성장시키는 데 초점을 두고 있다.

그러나 이 새로운 생태계가 모두에게 동일한 기회를

제공하는 것은 아니다. AI 기술에 접근할 수 있는 재정과 기술 자원을 가진 예술가와 그렇지 못한 예술가 사이의 격차는 예술 생태계 내 새로운 불평등을 낳을 수 있다. 이는 예술의 다양성, 지역과 세대 간 형평성, 문화적 포용성 측면에서 새로운 과제를 제기한다. 기술에 접근하지 못하는 예술가들의 목소리가 배제될 경우, AI 기반 예술 생태계는 특정 집단의 미학과 경험만을 대표하는 편향된 구조로 고착될 위험이 있다.

예술과 기술이 공존하기 위한 제언

AI와 무용의 성공적인 공존을 위해서는 기술 발전과 예술적 가치 사이의 균형을 찾는 것이 무엇보다 중요하다. 역사적으로 예술은 과학 기술의 발전과 함께 진화해 왔다. 새로운 예술 형식이 탄생하는 최전선에는 언제나 기술적 혁신이 자리해 왔다(이지혜, 2022). 현재의 AI 혁명 역시 무용 예술을 재구성할 위협이자, 동시에 새로운 예술적 장(場)을 여는 기회다. 이에 예술과 기술이 공존하기 위한 제언을 아래와 같이 정리해 보았다.

첫째, 예술가 중심의 기술 개발이 필요하다. 기술이 예술을 지배하는 것이 아니라, 예술가의 창작 의도와 필요에 맞게 기술이 개발되고 적용되어야 한다. 예술가가 주도하는 프로그램 개발이라는 흐름처럼, 무용수와 안무가들이 설계 단계에서부터 참여해 자신의 미학적 요구를 반영하여 자신들의 예술적 비전을 구현할 수 있는 기술을 만들어가야 한다.

둘째, 지속적인 교육과 역량 강화가 필요하다. 무용가를 위한 AI 기술 교육과 AI 개발자를 위한 무용 예술 교육이 동시에 이루어져야 한다. 서로의 언어를 이해하지 못한 상태에서는 진정한 의미의 협업이 불가능하다. AI 시대의 무용 교육은 기술적 활용 능력과 함께 창의적 상상력을 기를 수 있는 통합적 접근이 필요하다.

셋째, 문화적 다양성과 포용성을 보장해야 한다. AI가 특정 지역이나 문화권의 무용만을 학습하여 편향된 결과를 만들어 내지 않도록, 다양한 문화권의 무용을 균형있게 학습 데이터로 구축하고, 각 문화의 고유성을 존중하는 윤리적 가이드라인을 마련해야 한다.

넷째, 사회적 대화와 합의 과정이 필요하다. 단순한 기술 발전만으로는 충분하지 않다. AI와 예술의 관계에 대한 사회적 담론이 지속적으로 전개되어야 하며, 무용계라는 한정된 영역을 넘어 사회 전반에서 건전한 토론과 합의를 이끌어내야 한다.

다섯째, 인간의 고유한 예술적 가치를 재확인하고 강

화해야 한다. 인간 대 기계의 구도는 잘못된 프레임이다. 인간은 기계와 경쟁하는 것이 아니라 기계를 조정하고 활용하는 주체다. 무용수들도 마찬가지다. AI와 경쟁하기보다는 AI를 창작 파트너로 삼아, 인간만이 가진 감성, 경험, 신체성을 바탕으로 독창적인 예술을 창조해야 한다.

마지막으로, 장기적인 비전과 지속 가능한 발전을 위한 정책적 지원이 필요하다. 정부와 문화 예술 지원 기관들은 AI와 무용의 융합이 일시적인 트렌드가 아닌 예술 발전의 새로운 패러다임으로 자리 잡을 수 있도록 체계적이고 지속적인 지원 정책을 마련해야 한다. AI 기술 개발에는 큰 비용이 든다. 따라서 국가나 공공 기관의 지원이 필수적이다. 또한 무용가와 기술자가 함께 실험할 수 있는 물리적 공간이 필요하다. 창작 랩이나 스튜디오는 단순한 연습 공간을 넘어, 융합의 플랫폼이 되어야 한다. 다양한 분야 전문가들이 모여 교류하고 서로 영감을 얻을 수 있는 창조적 공간으로 거듭나야 한다.

결국 AI와 함께하는 무용의 새로운 생태계는 단순히 기술을 더하는 것이 아니라, 완전히 새로운 창작 문화를 만들어가는 과정이다. 안무가, 무용수, AI 개발자, 데이터 과학자, 음악가, 조명 디자이너 등 다양한 전문가들이 서로를 존중하며 협업하는 문화, 실패를 두려워하지 않고 실험하는 문화, 그리고 창작자의 권리를 명확히 보호하는 문화가 함께 자리 잡을 때, 비로소 AI 시대의 무용 예술은 기술과 함께 성장하는 지속 가능한 생태계로 자리 잡을 수 있을 것이다.

참고문헌

박유나(2024). "인공지능(AI)과 함께하는 무용 예술작업에서 현장 작업자들이 마주할 수 있는 윤리적 상황에 관한 탐구: 무용가의 몸 소외 현상을 중심으로". 《무용역사기록학》, 74, 3~26쪽.

연합뉴스(2023.7.1). "인공지능으로 창작한 발레… '포즈 입력하면 연계 동작 찾아주죠'". https://n.news.naver.com/mnews/article/001/0014038061?rc=N&ntype=RANKING&sid=103

이지혜(2022). "ICT 시대 무용공연의 새로운 패러다임". 《무용예술학연구》, 86(2), 49~60쪽.

한국저작권위원회(2025.6.30). "생성형 인공지능 활용 저작물의 저작권 등록 안내서". https://www.copyright.or.kr/information-materials/publication/research-report/view.do?brdctsno=54253

한국지능정보사회진흥원(2023.12.28). "생성형 AI 윤리 가이드북". https://www.nia.or.kr/site/nia_kor/ex/bbs/View.do?cbIdx=39485&bcIdx=26195&parentSeq=26195

Alexander Whitley Dance Company. Anti-Body. https://www.alexanderwhitley.com/stage/anti-body

Cyber Subin. https://cybersubin.media.mit.edu

EDGE. https://edge-dance.github.io

Jacob's Pillow. Choreotech Lab: Immersive Dacemaking with AI & AR.
https://www.jacobspillow.org/school/choreotech-lab/

Reuters(2024.2.14). Epic Games resolves 'Fortnite' dance moves copyright lawsuit.
https://www.reuters.com/legal/litigation/epic-games-resolves-fortnite-dance-moves-copyright-lawsuit-2024-02-13/

임영숙

빅데이터 및 AI 전문기업인 리스트(LiST)의 미래전략실장으로 재직하며, 데이터와 AI를 기반으로 문화 예술 디지털 전환을 추진하고 있다. 학부에서 수학과 전산학을 전공한 뒤, 국립정동극장(전통 무용), 유니버설발레단(발레), 국립현대무용단(현대 무용) 등 국내 주요 무용단과 국립아시아문화전당, 서울국제공연예술제 등에서 공연 기획 및 홍보마케팅 실무를 수행하며 현장 전문성을 축적했다. 이러한 경험을 토대로 무용수 직업 전환 지원 모델 연구로 석사 학위를, 지역브랜드 상설공연 연구로 공학박사 학위를 취득하며 연구 역량을 심화했다. 이후 문화 예술 전문지식과 기술적 배경을 결합해 데이터·AI 분야로 직업을 전환하여 문화 예술-기술 융합 영역에서 활동하고 있다. 주요 프로젝트는 문화 분야 AI 학습용 데이터 구축(2025), 아시아 설화·신화 디지털 아카이브 플랫폼 구축 정보화전략수립(2024), 한국 근현대예술인 인물관계망 데이터 구축(2021), 문화체육관광 빅데이터 플랫폼 및 센터 구축(2019) 등이다. 현재 한국예술경영학회 대외협력이사로 활동 중이며, 가톨릭대학교 공연예술문화학과 겸임교수를 역임했다. 저서로는 《문화농촌·창조농촌》(2015, 공저)이 있으며, "문화예술자료의 활용 체계에서 시맨틱 웹 기술 적용에 관한 탐색적 연구"(2021) 등 문화 예술 데이터 활용과 기술 적용에 관한 연구를 발표했다.